Society 5.0に向けた進路指導

個別最適化時代をどう生きるか

西川純・網代涼佑 著

明治図書

まえがき

——————————— 高等学校の先生方へ ———————————

　最初にお詫びします。本書は，高等学校の先生方に対して失礼極まりないことを書いているように読み取れる内容が続きます。しかし，私は元高等学校教師で，高等学校教師の方のご苦労はよく存じています。共著者は現職高等学校教師です。

　本書を手に取るような方だったら，以下のことはお分かりだと思います。

　第一に，現状の高等学校，特に公立高等学校が緩慢に弱っており，今後，一層の速度で崩壊に向かっていることを。もちろん行政が様々な施策を行っていますが，それらによって改善しそうにないことを。では，出口はどこにあるのでしょう。本書はその未来像を示そうとしています。

　第二に，現状の高等学校教育にフィットせず，退学してしまう生徒が生まれ，心ならずも退学手続きをしたことはありませんか？　私は学力的に最底辺の高等学校の教師でした。後から後から，可愛がっている担任クラスの生徒の退学手続きをしました。退学してもよいことはないことは十分に分かっています。ある教え子は退学後にバッタリ会ったとき，ヤクザのパシリになったことを私に満面の笑みで自慢していました。私にはそれをとやかく言えませんでした。

　残念ながら，今の高等学校教育は万人向けとは言えません。それはお認めいただけると思います。ならば，退学する生徒に，よりよい選択肢を与えたいと思いませんか？　さらに言えば，今の高等学校にフィットしない子どもは最初から，その子に合った学校に進学した方がよいと思いませんか？　本書はその選択肢を先生方に知っていただきたいと願っているのです。

中学校の先生方へ

　皆さんが接する子どもたち，保護者の大多数は今の日本社会の考え方の中にいて，古い学歴モデルの中に生きています。だから，その方々は本書で書かれていることは受け入れがたいと思います。私はそれでよいと思います。無理に伝える必要はありません。しかし，必ず一定数（おそらく2割弱）の子どもや保護者は今の高等学校に対して不安をもっていると思います。その方々に，別な選択肢を紹介して下さい。例えば，本書を紹介して下さい。ただし，当然ですが選ぶのは子どもであり，保護者です。求めている子ども，保護者ならばすんなりと受け入れてくれると思います。

小学校の先生方へ

　現在，本書で紹介している学校の中学校版（例えばN中等部）があります。そして，今後，どんどん増えるでしょう。だから，中学校の先生方へのアドバイスと同じことをアドバイスします。古い学歴モデルの中に囚われている保護者の意識改革には時間がかかります。低学年から伝えられる保護者には伝えて下さい。その保護者の子どもが中学校，高等学校に進学する頃には，今とは違った世の中になっています。

全ての先生方へ

　これからの学校教育は多様になります。その中には，今と全く同じ学校も残ります。なぜなら，今の教育を欲し続ける子どもと保護者もいるからです。ただし，それ以外の子どもと保護者のニーズに対応した多様な学校が生まれるでしょう。当然，教師としての仕事も，子どもとの間合いも様々です。退職（本書の読者の方の場合は65歳，若い方は70歳）までの時間で，どの学校の教師にソフトランディングしたいかをお考えいただきたいと思います。

保護者の方へ

　本書を手に取っている方の中には，今の学校教育にフィットしていないお子さんのことで悩まれている保護者の方も含まれていると思います。「我が子は悪くない！」と思いながらも，何か後ろ暗い気持ちをもっている方もいらっしゃるかもしれません。

　しかし，お子さんは悪くありません。「今」の学校との相性が悪いだけです。本書は「悪くない！」と確信し，そのような保護者の方に，進むための方向性をもっていただくための本です。

　本文で詳しく説明しますが，今の教育は現状の日本社会にフィットしていないのです。真面目に学校教育を信じても報われません。だから無理に今の学校教育にしがみつこうとすることをやめて，お子さんにフィットする別の選択肢を探すことを提案します。

　皆さんも，私も，「なんでこんな勉強をするんだ！　どうでもいいことだろ」と思ったことがあると思います。私は実際に保護者を対象とする調査をしました。その結果，みんなそう思っているのです。驚くなかれ，教えている教師自身も一般の方と同じように思っているのです。当然です。実際には役に立たないからです。

　例えば九九です。なぜ九九を学ばなければならないのですか？　典型的な応えは「買い物ができない」です。でも本当ですか？　今時，買い物で計算しますか？　多くの場合，バーコード読み取りで機械が計算していますよね。そもそも大人の我々の生活を思い出して下さい。この1年間で筆算したことは何回ありますか？　私の場合，少なくともこの20年間で一度もありません。簡単な計算は電卓でやりますし，少し複雑な計算は表計算ソフトで行います。

　もちろん四則演算の考え方は必要ですし，概算で大体の値を出せることは買い物でも必要でしょう。しかし，現在のように九九を覚え，四則演算の筆算を徹底的にやる必要はないように思います。

　特別支援学級で算数を学んでいて，九九が覚えられないお子さんをおもち

の方もおられるでしょう。ご安心下さい。九九は覚えなくても結構です（覚えられたら，それはそれでよいですが）。我々は，特別支援学級・特別支援学校を卒業，就職し，現在，30歳，40歳の人の保護者（つまり50歳以上の保護者）に，「今考えると学校で何を学ぶべきでしたか？」と聞きました。同じく，その方々が就職する事業所の担当者に同様な質問をしました。その結果，ただの一人も「九九を覚えてほしい，漢字を覚えてほしい」と言う人はいませんでした。ビックリして，「それでは困るでしょう？」と事業所の担当者に聞き返すと，「我々は一人ひとりの能力・特性に合わせた仕事を探し出します。言葉が分からなければ，マークや色で指示します」と平然と言われました*1。

　本文で説明しますが，その他にもギフテッド，即ち，ある才能について飛び抜けており，それに四六時中集中したいと思っている子どもがいます。その子にとっては今の学校教育は苦痛であり，彼らの才能を組織的に萎縮させている危険性があります。

　皆さんだって，今の学校に自分をフィットさせるのに苦労したと思います。多様な情報とたやすく接する子どもたちは一層苦労しています。しかし，苦労してでもフィットさせることが子どもの将来を保障することだと思い，必死に今の学校にしがみつかせようと努力させているのではないでしょうか？

　残念ながら，これからの時代（実際は今から30年以上前から），学校は将来の幸せを保障できなくなっています。むしろ，今の学校教育に生きづらさを感じている皆さんのお子さんこそ，これからの時代に生き残る可能性が高いのです。本書はそれを書きました。読み終わったら，是非，お子さんに読ませて下さい。

2020年6月　　　　　　　　　　　　　　　　　西川　　純

*1　では何が大事なのでしょうか？　『特別支援学級の子どものためのキャリア教育入門　基礎基本編』『特別支援学級の子どものためのキャリア教育入門　実践編』（いずれも明治図書）をご参照下さい。

CONTENTS

第**3**章　N高等学校の教育

第4章 通信制高等学校 Q&A

第 **8** 章　今後の教育

第 1 章

これからの社会と教育

　最近，Society 5.0という言葉を耳にしませんか？　何か遠い世界の話で，自分の日々の仕事・生活には関係ないと思っているのではないでしょうか？

　違います。今，日本社会の仕組みが大きく変わっています。ところが，子どもたちを大人に育て，大きく変わる社会に送り出す学校は変わることができません。結果として，本来，新しい社会で活躍すべき人材を潰しているのです。なぜそんなことが起こるのでしょうか？

1.

Society 5.0とは
どんな時代か

> 子どもたちが生きるこれからの社会は大きく変わります。今の日本社会
> は，多くの人が普通に求めるものを安価で大量に生産する社会です。学
> 校教育も，みんなが大事だと思っていることを覚え，行動できる子ども
> を安く大量に育てていました。しかし，それでは日本は生き残れず，子
> どもも生き残れないのです。だから，今の日本社会とは違った社会に日
> 本は変わらなければなりません。

　私が小学生の頃，少年マンガには21世紀の絵が描かれていました。そこに
は奇妙な形のビルが林立し，空飛ぶ車が行き交い，宇宙服のような服を着て
いる人が動く歩道を行き交っていました。

　さて，21世紀になって約20年たちました。見回せば従来通りの建物，車，
人がいます。高品質の写真で見比べたとき，20世紀との違いはほとんどない
ように思います。では，何も変わっていないのでしょうか？　いや，変わっ
ています。我々はスマートフォンを通して，常にインターネットで人と情報
につながっています。AI（人工知能）やロボットはどんどん発達していま
す。だから，政府の描く未来図*2では「IoT」*3「AI」「ロボット」等が大
きな柱となっています。そこに描かれる社会は，私が小学校で見た未来の絵
と似ていて，キラキラしています。

　しかし，小学校で見た未来の絵と同じように胡散臭いものを感じます。も
っと大事なものが欠けているように思います。

　これからの日本社会は大きく変わります。その説明をする前に，その前段
階である今の日本社会を説明しなければなりません。今の日本社会は，多く

の人が普通に求めるものを安価で大量に生産する社会です。その社会には特有の考え方（以降，コード）があります。

今の社会の考え方（コード）

アルビン・トフラーによれば今の先進国の社会（以降，旧社会）のコードは，「規格化」「分業化」「同時化」「集中化」「極大化」「中央集権化」です*4。大多数の人のそこそこのニーズに応える製品・サービスを安く大量に提供するには，旧社会のコードが有効です。これらは大量生産の工場の考え方です。安価で大量の製品・サービスを生産するならば，多種多様な製品・サービスより一律に規格化した製品・サービスの方がよい。一律の製品・サービスならば，進行速度を整えて同時化する方がよい。生産するための機械・人員は集中し，分業化し，極大化した工場の方がよい。このような一律な組織を運営するのであれば中央集権化すればよいのです。

これは製品・サービスの生産のみならず，我々の生活全てに影響を与えています。その最たるものが教育です。現在の教育は，安価で大量な規格化された人材を生産するシステムなのです。

学習指導要領で規定された一律の学習内容を，時間割という同時化によって学びます。学校の施設・職員は集中化，分業化，極大化し，統廃合が進みます。管理は文部科学省→都道府県教育委員会→市区町村教育委員会と中央集権化しています。

しかし，旧社会はやがて行き詰まります。

一律な製品・サービスを大量生産すれば，やがてコモディティ化（日用品化）します。例えば，ノートパソコン，液晶テレビを思い出して下さい。昔は各メーカーによって性能が違っていました。新製品が現れる度に古い製品が色あせてしまいます。しかし，技術進歩が収まると性能での差が見えづらくなります。そうなると差別化できるのは価格です。価格競争によって規格化は進み，結果，性能での差がなくなります。そして価格競争がさらに激化

します。先行する先進国は人件費が高騰しているので，後発の中進国・発展途上国に太刀打ちできなくなります。それ故に，日本は否が応でも旧社会から脱皮しなければなりません。

Society 5.0のコード

　これからの社会は，少数の人が強く求めるニーズに応える製品を少量・高価に提供する社会です。その社会のコードは「個性化」「総合化」「非同時化」「分散化」「適正規模化」「地方分権化」です。先の「規格化」「分業化」「同時化」「集中化」「極大化」「中央集権化」の逆だと理解して下さい。

　旧社会に違和感をもっている子どもこそ，次の時代にフィットしている子どもと言えるでしょう。逆に旧社会にフィットしている子どもは，次章で示すように危ういのです。

　先に挙げた政府の未来図では，狩猟社会（Society 1.0），農耕社会（Society 2.0），工業社会（Society 3.0），情報社会（Society 4.0）に続く，新たな社会をSociety 5.0と呼んでいます。21世紀の現代においても，この5つの社会は並行して存在しています。そして，各国，各地域が上記の過程を経て変化します。Society 1.0を一気にSociety 3.0にすることは不可能です。人の教育，インフラの整備，何よりも，それをよしとする意識改革には時間がかかるからです。

　コードの変化こそ，「IoT」「AI」「ロボット」等のツールの変化より重要です。残念ながら政府のSociety 4.0はSociety 3.0の亜流にしかすぎません。結局，情報をSociety 3.0のようにしか使えなかったのです。パロディのように思えるのは学校教育でのICT利用です。見事に「規格化」「分業化」「同時化」「集中化」「極大化」「中央集権化」で動かしています。一律のソフトを教師が用意し，「はいどうぞ」という教師の号令で同時化し，その管理を教師のコンピュータで管理しているのです。

Society 5.0における進路指導

　旧社会における進路指導は，文化・言語・国籍や年齢・性別などの違い，障がいの有無や能力差などを問いません。これは規格化を大事にしている旧社会のコードです。具体的には「中卒より高卒，高卒より大卒，同じ高卒・大卒だったら偏差値の高い方がよい」というモデルで，文化・言語・国籍や年齢・性別などの違い，障がいの有無や能力差などを問わず正しいと思われています。極めて単純な進路指導です。教師はその子の偏差値に見合った進学を勧めればよいのです。

　しかし，これからの社会（以降，Society 5.0）における進路指導は違います。文化・言語・国籍や年齢・性別などの違い，障がいの有無や能力差，さらに，その他にも人には違いがあります。それは動かしがたい事実です。その違いを認め，一人ひとりが自分にとって最適な進路を選択できなければなりません。そのためには，一人ひとりが個性的な「基礎的・基本的学力」を，一人ひとりのペースで身につけることを可能にしなければならないのです。

　本書では，一人ひとりの子どもが個性的な学力を，一人ひとりのペースで身につけることを可能とし，一人ひとりが最適な進路を選択できる進路指導を述べたいと思います。

＊2　内閣府の第5期科学技術基本計画
＊3　インターネット経由でセンサーとの通信機能をもったモノ。離れた場所にある環境をモニタリングしたり，異常監視をしたり，保守をしたり，遠隔制御したりすることなどがあります。
＊4　アルビン・トフラー『第三の波』中公文庫

2.

Society 5.0で活躍できる人は
どのような人たちか

今の学校教育にフィットできない子こそ，Society 5.0で活躍できる人です。しかし，残念ながらその子たちを今の学校教育では育てられません。本書では，Society 5.0で活躍できる子どもに，その能力を開花させる可能性の高い，別の選択肢を紹介します。

現在の教育にフィットしていない人

　旧社会で活躍できる人と，Society 5.0で活躍できる人は違います。

　旧社会のコードは「規格化」「分業化」「同時化」「集中化」「極大化」「中央集権化」です。その中で活躍できる人は，「みんながよいことだと思っていることに集中できる，命令に従順な人」なのです。つまり，今の学校教育にフィットしている人たちです。この人たちは，教師の指示に従順で，教科書・テストに出ることを素直に学び，就職後は狭い専門性を高め，人からうらやまれる人生を求める人たちです。

　では，Society 5.0で活躍できる人はどのような人たちでしょうか？Society 5.0のコードは，旧社会のコードの真逆の「個性化」「総合化」「非同時化」「分散化」「適正規模化」「地方分権化」です。その中で活躍できる人は，「自分がよいことだと思っていることを，色々な方面に拡張し，自分なりの人生を求める人」なのです。つまり，今の学校教育にフィットしていない人たちです。この人たちは，教師の指示に従順ではなく（少なくとも心の中では），教科書・テストに出ることを素直に学ばず，多方面に興味を広げ，自分が納得する人生を求める人たちです。

つまり，今の学校教育に生きづらさを感じている人たちです。

具体的には，以下のような人たちがいると思います。

ギフテッド，即ち，ある才能について飛び抜けており，それに四六時中集中したいと思っている子どもがいます。旧社会の教育は，その子どもの能力を磨くことより，「基礎的・基本的学力の保障」という美名によって，その子どもが全く興味をもてず，多くの場合は不得意なものを学ぶことを強います。

特別支援の子どもがいます。特別な支援が必要な子どもと言われますが，それは現在の学校教育で学ぶことに関して特別な支援が必要なのです。社会に出たら活躍している人は多いです。トム・クルーズ，スティーブン・スピルバーグが識字障がいであることは有名です。しかし，彼らは彼らなりの方法で問題なく生きています。人の中には様々な才能があります。その才能を開花させたならば，豊かに生きることができます。山下清画伯の才能は，言語障がい，知的障がいを問題としません。しかし，今の学校は，「基礎的・基本的学力の保障」という美名によって，その子どもが全く興味をもてず，多くの場合は不得意なものを学ぶことを強います。

ドラッカーの『プロフェッショナルの条件』（ダイヤモンド社）の中に，「努力しても並にしかなれない分野に無駄な時間を使わないことである。強みに集中すべきである。無能を並の水準にするには，一流を超一流にするよりも，はるかに多くのエネルギーを必要とする。しかるに，多くの人たち，組織，そして学校の先生方が，無能を並にすることに懸命になっている。資源にしても時間にしても，強みをもとに，スターを生むために使うべきである」とあります。まさにギフテッドの子ども，特別支援の子どもがおかれている状況です。

正高信男の『ニューロダイバーシティと発達障害』（北大路書房）によれば，発達障がいは障がいではなく，人類本来のヴァリエーションと考えるべきです。例えば，自閉症児は少ない推計で1〜2％，多い推計は4〜5％もあり，いわゆる障がいとしては異常に多く，障がいと見るのは不自然です。定型発

達児は人に対して興味をもつのに対して，自閉症児は「もの」に対して興味をもち，鋭い観察眼をもっています。また，注意欠陥障がいは注意が散漫なのではなく，逆に一つのことに集中する能力の高さなのです。その才能を開花させれば，偉大な業績を上げることができます。

　エジソン，坂田三吉，アインシュタイン，レオナルド・ダ・ヴィンチ，アンデルセン，ベル，ディズニー，モーツアルトの伝記を読めば，彼らが現在で言う発達障がいであったことがうかがわれます。伝記では「○○の障がいがあったにもかかわらず」と書かれますが，本当は「○○の障がいがあったからこそ」であり，さらに言えば「△△の才能があったからこそ」と理解すべきです。現在の教育は，そのような芽を摘んでいるのです。

　不登校の子どもがいます。みんながよいことだと思っていることを学ぶことによって，みんながうらやむ人生を追い求めている子どもが集まれば競争が生まれるのは当然です。その中で軋轢が生じ，その被害者となる子どもが生まれるのも当然です。

今後増える不適応

　上記の３タイプの人の他に，今後，どんどん増えるタイプの人がいます。

　今の教育が崩壊に向かっていることの兆候は既にハッキリと出ています。それを感じ取れる，アンテナの高い保護者，アンテナの高い子どもとその子どもを信じる保護者がいます。本書で書かれていることを理論的・感覚的に理解している人がいます。その人たちは今の学校教育で学んでも意味がないことを理解しているので，学ぶ意義を見いだすことができません。その中には，日本の学校教育から脱出したいと願っている人がいます。ところが，日本の学校教育（特に公教育）は海外進学の支援はできないのです。

　大都市から離れた10万人以下の市町村に在住している，自分にフィットする教育を求める子どもと保護者がいます。しかし，少子化によって公立学校がどんどんと統廃合になっています。中学生は進学する高等学校の選択肢が

どんどん減っています。例えば，成績上位の子どもが進学したい高等学校は自宅通学が不可能になります。僻地の場合は小学校から始まっています。

　東洋大学の根本祐二教授は今後の児童数・生徒数と国が示す小中学校の適正規模[5]をもとに，2050年頃には小中学校の数がどれぐらいになるかを推計しました[6]。それによれば，小学校は現在の2万校弱が約6500校に，中学校は現在の1万校弱が約3000校に縮小します。地方はさらに厳しく，島根県，和歌山県，高知県，岩手県では小学校は現在の1割程度に減少するのです。東京都，大阪府，愛知県でさえ半減します。これは大規模な統廃合の結果です。これは厳然たる計算に基づく結果なのです。

　学校の数が1割になれば，通学時間は単純計算[7]で3.2倍になります。交通の不便な僻地の場合は10倍近くになるでしょう。

　高等学校の場合，仮に地域のトップ高等学校に自宅通学が可能であっても，学校統廃合が進めば進学する子どもたちの学力の多様性が高まります。授業は成績中位層，下位層に合わせた授業をすることになります。従って，上位層の子どもにフィットしません。結果として，成績上位層の子どもは事実上，自分にフィットする授業を受けられる高等学校へは自宅通学が不可能になります。

　本書では，以上のような方々に対して，別の選択肢を紹介したいと思っています。上記で紹介した方々こそ，Society 5.0で活躍できる人たちです。

　同時に，是非，旧社会のコードからSociety 5.0のコードに転換してほしいのです。具体的には，人がうらやむ人生を求めるのではなく，自分なりの人生を求める人になってほしいのです。そうでなければ，本書で紹介する選択肢を選択しても幸せにはなれません。

＊5　小学校690人，中学校720人。「公立義務教育諸学校の学級編制及び教職員定数の標準に関する法律」第3条，及び，「学校教育法施行規則」第41条，第79条をベースにしています。
＊6　「人口減少時代における地域拠点設定とインフラ整備のあり方に関する考察」東洋大学PPP研究センター紀要(8)，2018年3月
＊7　10の平方根

なぜ，改革できないのか？

> 今の学校教育でSociety 5.0で活躍できる子どもを育てられないのは，
> 旧社会の考えを捨てられないからです。色々なところで問題が起こって
> いますが，旧社会で成功した過去の方法で改善しようとしています。し
> かし，本質的な改革をするためには旧社会で大事だと思われたことを捨
> てなければなりません。多くの人はそれはできないのです。

　不登校の子ども，特別支援の子ども等がどんどん増えています。いや，不
適応になっているのは子どもばかりではなく教師もなのです。心の病に倒れ
る教師，自殺する教師，途中退職する教師がどんどん増えています。しかし，
それを改善する手立ては小手先で，根本的な改革はできません。結果として
悪化の速度は変わりません。いや，速度は加速しています。

　なぜ，改革できないのでしょうか？

　経営戦略論で有名なマイケル・ポーターは，「事業が成功するためには低
価格戦略か差別化（高付加価値）戦略のいずれかを選択する必要がある」と
述べています[8]。平たい言葉に直せば，「他社との競争に勝つには値段を安
くするか，高機能にするしかない」ということです。当たり前と言えば，当
たり前です。しかし，製品・サービスは普及し続ける中でコモディティ化し，
性能で差別化できなくなります。そのため価格競争しかできなくなります。
その価格競争を生き残るには，今までの機能を下げたり，捨てたりしなけれ
ばなりません。

　W・チャン・キムのブルー・オーシャン戦略[9]，クレイトン・クリステ
ンセンの破壊的イノベーション[10]によれば，機能を下げたり，捨てたりす

ることが，高機能につながることを述べています。なぜかと言えば，今まで
の機能とは違った機能を創造するからです。

　例えば，IBM は大型コンピュータの演算速度，記憶容量の高度化を目指
しました。ところが，パソコンはその演算速度，記憶容量を捨てました。そ
れによって驚異的な低価格を実現しました。その結果，コンピュータの個人
ユーザーという市場を創造し，新たなサービスを創造したのです。IBM は
パソコンをオモチャと思い，馬鹿にしました。そして，その市場の価値に気
づいたときに参入しましたが，「時すでに遅し」でした。

　1000円カットは，床屋での「会話」を捨て，バリカンを利用した効率のよ
いカットを導入しました。結果として，低価格とともに時間短縮を実現し，
仕事の合間にカットするという市場を生み出しました。100円寿司も，寿司
職人が大事にしたものを，ことごとく捨てました。寿司職人は100円寿司を
寿司とは認めません。しかし，それによって低価格を実現し，江戸時代の寿
司のように安価なファストフードとしての寿司を再創造しました。

　既存の市場占有者が大事にしているものを捨てない限り，低価格と機能向
上の両立は不可能なのです。しかし，多くの人は真逆のことをし続けます。
つまりどんどん高機能化しようと努力するのです。経済学の収穫逓減の法則
によれば，最初は費やしたものによって高い効果が上がりますが，やがて得
られる効果は下がり，最後はどんなに費やしてもあまり効果がなくなります。
旧社会の歴史を積み上げた日本は，既にその段階に達しています。

　振り返って学校教育を考えてみましょう。ヘルバルトが一斉指導の理論と
して『一般教育学』を著したのは1806年です。我が国の学制発布は1872年で
す。ヘルバルトの理論をもとにして，現在の授業スタイルが我が国の師範学
校で生まれました。それから現在の教育に対して膨大な人数の研究者と実践
者が改良を加えています。しかし，先に述べた収穫逓減の法則から効果は薄
いと言えます。大事にしているものを捨てられないので低価格と高機能の矛
盾は解消されず，それを教師個人の努力の物量作戦に押しつけているのが現
状です。簡単に言えば，過労死に至るほど教師を働かせ続けていることによ

って，ギリギリで学校は成り立っているほど追い詰められているのです。

　しかし，仕方がないのです。今の市場占有者（文部科学省・都道府県教育委員会・学校）は，今の顧客（大多数の子ども・保護者）に責任を負っています。今の顧客の大多数は，今の製品を求めているのです。つまり，「教師が数十人の子どもに対して板書し発問する」ことを求めているので，それに応えなければならないのです。だから，文部科学省，都道府県教育委員会は「絶対」に改革はできません。できるのは改善だけです。しかし，先に述べた収穫逓減の法則から改善の効果は期待できず，その矛盾を教師個人に押しつけるしかないのです。

　従って，文部科学省，都道府県教育委員会に期待することはやめましょう。それは魚屋に行って「米をください」と言っているようなものです。期待すべきは個人，また，ベンチャー的な組織なのです。それらが様々な試みをして成功し，失敗するでしょう。成功した個人・組織がつながり合い，その智恵を共有し，組織化します。それによって新たな市場が生み出されます。

　最後に強調します。文部科学省，都道府県教育委員会が改革できないのは，愚かであるからでも，無能であるからでもありません。むしろ，賢明であり，有能です。だからこそ改革はできないのです。現状，多くの国民が望まない改革を強行するのは誤ったことです。例えば，社員の健康にはオーガニックが大事だと思い，社員食堂のメニューからカツ丼やラーメンを排除する料理長をどう思いますか？　誤りです。

　しかし，健康的なメニューを用意し，社員が選択することを許すことはありだと思います。いや，そうすべきなのです。だから学校も多様であるべきです。しかし，「基礎的・基本的学力の保障」という旧社会の呪縛からそれができないのです。

＊8　マイケル・ポーター『競争の戦略』ダイヤモンド社
＊9　W・チャン・キム，レネ・モボルニュ『ブルー・オーシャン戦略』ダイヤモンド社
＊10　クレイトン・クリステンセン『イノベーションのジレンマ』翔泳社

第**2**章
学歴モデルの崩壊
―これからの社会で生き残るには，
　どんな教育が必要なのか―

　旧社会での進学のモデルは非常に簡単でした。「中卒より高卒。高卒より大卒。同じ，高卒・大卒だったら偏差値の高い方がよい」という単純なモデルです。戦後の高度成長期の日本では，このモデルに従って偏差値の高い高等学校，偏差値の高い大学に進学すれば，豊かで安定した一生が保障されていました。ところが，子どもたちが生きるこれからの社会ではこのモデルは成り立たないのです。では，その中で生き残るにはどのようなモデルをもつべきなのでしょうか？

1.

誤った学歴信仰・
学歴モデルの崩壊

> 今の学校の勉強ができるようになり，高学歴になれば豊かな将来が保障されると多くの人は信じています。しかし，実際はそのようなモデルは崩れ去っているのです。大学を卒業しても正規雇用されない若者が大量に生まれています。

旧社会の単純な学歴モデル

　おそらくこの本をお読みになっている皆さんの多くは，「中卒より高卒。高卒より大卒。同じ，高卒・大卒だったら偏差値の高い方がよい」という極めてシンプルな学歴モデルをおもちだと思います。だから，校外模試の偏差値で，一次元に序列化された高等学校の中から単純に進路指導できます。高等学校には受験産業が発行する図が貼られています。横軸は学部，縦軸は偏差値です。自分の希望学部と偏差値，そして自宅からの距離によって志望校が選ばれます。つまり，各大学，各学部の独自の取り組みはあまり評価の対象となっていません。結果として各大学も偏差値の高い生徒を取るという単純なモデルを採用することになります。

　しかし，今，このモデルは崩れ去っています。直近の総務省の就業構造基本調査によれば，卒業する高校生，大学生の約３割は非正規雇用になります。国税庁民間給与実態統計調査によれば，非正規雇用の年収は179万円です。

　就業構造基本調査では高卒と大卒に分けて非正規雇用の割合を示していません。しかし，高等学校の就職指導ではほぼ全員を正規雇用にしています。つまり，大卒の非正規雇用の割合はかなりの高率であることを示しています。

ここで違和感をおもちの方も多いと思います。ご自身，またはご家族の大学入試の際，各大学の就職率をお調べになるのは普通だと思います。どの大学も「就職率９割，９割５分」と謳っていたと思います。しかし，この就職率は嘘ではないですが，本当でもないのです。

「就職率９割，９割５分」の実態

　我々が考える就職率とは，その学年の学生の中で正規雇用された人の割合だと思っています。しかし，実際は「就職を希望する」学生の中で正規雇用された人の割合なのです。どう違うでしょうか？

　まず，就職活動ではことごとく内定を取れずにいる学生が最終的に大学院に進学することを選んだら，就職率の分母から外されます。また，公務員試験を受験し，落ちた学生の場合，「この学生は公務員志望だから今年度は就職を希望しない」ということで分母から外されます。さらに，正規雇用であったとしてブラック企業であることを就職担当者は知っています。そのブラック企業から内定をもらった学生は分子に加えるのです。

　大学としてはそれで問題ないのです。なぜならば，文部科学省，厚生労働省に報告するのは年度の当初です。だから，夏休み頃にその学生が退職したとしても就職率に影響はないのです。さらに言えば，その学生が４月２日に退職したとしても，その学生が大学にそのことを報告しない限り（するわけないですよね）就職し続けていると大学は判断するのです。それが「就職率９割，９割５分」の実態なのです。

奨学金の制度が変わり，借りやすくなりました

　大学に進学することに関して，日本学生支援機構（旧 育英会，以降JASSO）の奨学金に関して知る必要性があるでしょう。平成29年度では大学生の2.69人に１人がこの奨学金を借りています。近年，この制度が大幅に

変わりました*11。

　第一に，無利子の奨学金を増やし，有利子の奨学金を減らしています。有利子に関しても平成20年度の利率固定方式は1.50％（利率見直し方式は0.90％）だったのが，平成30年度の利率固定方式は0.27％（利率見直し方式は0.01％）になりました。その結果，月額8万円の貸与を4年間受けた場合（利率固定方式0.27％，返還年数20年，平成30年3月貸与終了者）で月賦返還額は16458円です。つまり，最悪非正規雇用になっても返還可能です。

　貸与期間中（在学中）に一定の保証料を支払うことにより，将来，万が一延滞した際に，保証機関（公益財団法人日本国際教育支援協会）が返還者に代わりJASSOへ返還（代位弁済）する制度である機関保証を選ぶことができます。現在，この制度を半数の学生が選択しています。月額保証料は有利子月額8万円の貸与で，4年間のケースの場合は4312円です。このような取り組みによって，3ヶ月以上の延滞者の割合が平成19年度においては8.5％だったのに対して，平成29年度では3.7％になりました。

しっかりしたキャリアイメージをもてるか

　さて，考えてみて下さい。では，奨学金を借りて大学に進学しますか？

　上記のように月額8万円の貸与を4年間受けた場合は，利子を含めて約400万円の借金を払うことになります。また，4年間の逸失利益を計算します。平成29年賃金構造基本統計調査（厚生労働省）によれば，高卒の平均初任給は16万2千円です。12ヶ月×4年分は約778万円になります。それにボーナスや諸手当や昇給分を加えれば，おおよそ1千万円が4年間の逸失利益となります。「ユースフル労働統計2017 ―労働統計加工指標集―」によれば，高卒男性の生涯賃金は2億730万円，女性は1億4640万円。大卒男性の生涯賃金は2億7000万円，女性は2億1670万円です。男女平均すれば約6600万円の差があります。つまり，ざっくりと表現すると，1400万円の掛け金で6600万円当たるクジ，ただし，3割強は外れるのです。あなたは，そのクジを買

いますか？ということです。

　もちろん生涯賃金が高い大学もあります。政府統計はありませんが，大学別の生涯賃金を算出している民間機関はあります。算出方法は様々なため，結果に大きな開きがあります。しかし，概ね，旧帝国大学をはじめとする偏差値トップクラスの大学の場合3億円強から5億円弱としています。この場合は分のよい勝負になるでしょう。ただし，これがいつまでも続くとは限りません。後に書きますが，企業の基本方針を定める取締役以上の上級管理職はAI時代も残りますが，部長・課長級の中間管理職はAIに置き換えられると言われます。つまり，圧倒的大多数の大卒は上り詰めても下級管理職が上限になるのです。

　多くの子ども，保護者が大学に期待しているのは，より豊かな生活ではないでしょうか？　高卒で正規雇用される場合と大卒で非正規雇用される場合では前者の方が豊かです。しかし，先ほど述べたように大卒の非正規雇用者の割合は高率です。

　子どもも保護者も高校3年生の段階でしっかりとしたキャリアイメージをもっていないのが一般的です。とりあえず大学に進学させ，その中で考えさせればよいと考えています。このような要求に応えるため，多くの高等学校が進学実績を上げようとしています。幸か不幸か，選り好みをしなければ，誰にでも入学できる大学はあります。高学歴が豊かな将来を約束するという過去の学歴モデルをもった子ども，保護者，教師がとりあえず大学進学を勧めている実態があります。

　しかし，慌てて補足いたします。大学に進学するのは誤りと言っているのではありません。よく考えてほしいのです。私は教員養成系大学の教師です。大学での教育によって教え子の幸せに寄与していると自負し，それに誇りをもっています。ただ，大学に進学さえすればよいという考えは誤りです。

*11　独立行政法人日本学生支援機構「奨学金事業への理解を深めていただくために」（平成31年2月），厚生労働省「平成29年賃金構造基本統計調査」

2.

なぜ，そうなったか？

―学校を卒業しても就職できない若者が大量生産される理由―

> 旧社会では日本が生き残れなくなったため，これから長期の不景気が続きます。その結果，企業は即戦力を求めるようになりました。ところが，今の普通科高等学校と多くの大学は，勉強・学術は教えてくれますが仕事のやり方を教えてくれません。結果として，学校を卒業しても就職できない若者が大量生産されているのです。

終身雇用の誕生

　日本では終身雇用が当たり前です。ところがそんな国は日本ぐらいです。そして，終身雇用は100年の歴史もありません。そもそも終身雇用は無理のある雇用慣習です。終身雇用とは会社の景気が悪くても，雇い続けるということです。だから日本の景気がよく，諸外国が日本を真似した時代でも，トヨタのかんばん方式は真似ても，終身雇用を真似る企業はありませんでした。理由は簡単です。会社の景気が悪くても雇い続けることは，とてつもなく無理なことだからです。では，なぜ，日本で終身雇用が始まったのでしょうか？

　終身雇用が始まったのは1954年末からの神武景気です。それ以降，約60年間に12の景気（神武景気，岩戸景気，オリンピック景気，いざなぎ景気，列島改造景気，安定成長景気，公共投資景気，ハイテク景気，カンフル景気，IT景気，いざなみ景気，デジャブ景気）が続きました。好景気の期間は合算すると約35年9ヶ月です。つまり，日本は基本的に好景気でした。不景気になったとしても数年で回復します。だから，企業にとっては解雇して即戦

力の人材を手放すより，無理してでも雇い続けることの方が「得」だったのです。

終身雇用の崩壊が生み出す変化

　日本は後発の工業国からコモディティ化した製品を奪われています。さらに，少子高齢化社会に突入し人口バブルがはじけてしまいました。結果として，長い不景気が続きます。日本の労働法に基づいて終身雇用は維持されていますが，実質は終身雇用が維持できていません*12。

　終身雇用が崩れると，企業内教育が崩れます。今の企業は普通科高等学校，非ジョブ型大学・学部*13の教育に即戦力を期待していません。入社した生徒・学生を育てることを前提としています。数年は使い物にならない人材に，満額の給与を与え，研修するのはなぜでしょう。それは40年以上の在職期間の中で元が取れると計算しているからです。ところが，終身雇用が崩れれば，人材が流動化します。もし，ある企業が数年は使い物にならない人材に，満額の給与を与え，研修しても，その人材が使い物になった頃に他の企業がヘッドハンティングをします。だから，企業は企業内教育ではなく，即戦力を求めるようになるのです。

　日本以外の国では当然のことです。ある仕事をする人が必要になったとき，その仕事を任せられる資格と実務経験を明示し，公募します。応募者は資格と実務経験を武器にエントリーします。

　2019年11月に広島県教育委員会が発表したところによりますと，広島県の公立高等学校入学者選抜制度を2023年度に大きく変更する予定です。自己PR書を取り入れ，自分が何をしてきたか，何をしたいかを表現し，希望する高等学校を受験します。このときには，自己の作品（成果物）などを持ち込み，口頭で表現できないことを補うことも可とされています。

　このことは即ち，これから求められる人物像が旧社会のコードではないことを如実に表していると言えるでしょう。想像ですが，この動きは日本全国

へ影響を与えるものと考えます。それは，企業や社会がこのような資質・能力を求めているからに他なりません。

　素晴らしい考え方です。しかし，日本の普通科高等学校，非ジョブ型大学・学部にこれに対応できる学校がどれほどあるでしょうか？　日本は大学入試改革で英語4技能，記述式が公平であることを保証できないという理由で潰してしまう国なのです。

人手不足の実態

　日本は人手不足と言われています。しかし，不足している人材は資格と実務経験をもった即戦力の人材なのです。それがないのであれば，AIやロボットで代替えできます。残る仕事は，AIやロボットを導入するだけの価値はなく，外国人労働者にもできる仕事なのです。その人材が1000万円の純利益を出す人ならば，企業は喜んで800万円の給与を払うでしょう。そして，何人も雇うでしょう。非正規雇用が179万円というのは，それ以上の給与を払うのであればAIやロボットや外国人労働者に代替えするラインなのです。

　これは非正規雇用の方の責任というより，誤った学歴モデルを信じている大人の問題ではないでしょうか？

　おそらく，新しい学歴モデルがもっとも一般化しているのは愛知県ではないかと思います。（統計データはありませんが）理由はトヨタがあるからです。統計によれば，高卒で大企業に就職した人の生涯賃金は，大卒で中小企業に就職した人の生涯賃金を上回っています。だから，中途半端な大学に進学するより，しっかりした工業高等学校の方が人気があります*14。

　労働政策研究・研修機構「ユースフル労働統計2015 —労働統計加工指標集—」には次頁のような図があります。1000人以上の企業に就職した高卒の方が，100人未満の企業に就職した大卒よりも生涯賃金は高いのです。つまり，学歴よりも重要なのは大企業に就職することなのです。さらに言えば，それ以前に正社員として雇われることが大事なのです。

企業規模別

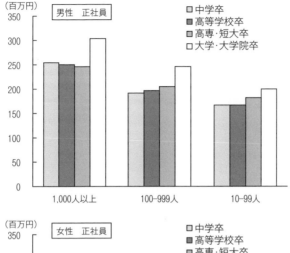

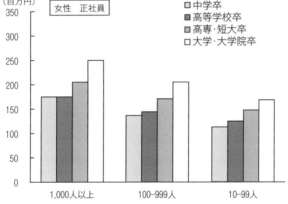

*12 2020年1月に日本経済団体連合会は，新卒一括採用や終身雇用，それに年功型賃金など，戦後，長く続いてきた日本型雇用システムの見直しを明確に打ち出しました。

*13 卒業した後の職業が特定され，教育内容がその職業と一対一対応している大学をジョブ型大学・学部と言います。医学部，薬学部，教員養成系大学・学部や専門職大学が代表的です。それ以外の学部・大学は非ジョブ型大学・学部です。つまり，日本の大学・学部の大部分が非ジョブ型なのです。

*14 詳しいデータは『親なら知っておきたい学歴の経済学』（学陽書房）にあります。

潰されるローカルエリート

> 今の子どもたちは東京大学の医学部，法学部を頂点とした単純な序列の中で闘わされています。結果として，大部分の子どもは敗者になります。そのため，本来だったら地域で活躍するであろう人材を負け組にしてしまうのです。さらに，優秀な人材は大都市に移住するため，地方の人材の層が薄くなります。ところが，大変な競争を勝ち上がってもそれが将来の豊かさを保障してくれないのが今の日本です。

　ある小学校では，面白く，分かりやすい授業をすると，親が怒鳴り込んでくるのです。皆さん理由が分かりますか？　私は最初，分かりませんでした。しかし，理由を聞いて納得しました。その地域は温泉街なのです。地元の子どもの多くは，旅館，民宿を経営している家庭の子どもです。それらの家庭では勉強のできる子に育ててほしいのではなく，跡取りに育ててほしいのです。だから，面白く，分かりやすい授業をすると「もっと勉強したい」と思うようになり，やがて都会の大学に進学を希望し，地元を捨てて大都市の企業に就職することにつながります。だから，怒鳴り込んでくるのです。

　なぜ地元を離れて都会で就職することが一般化したのでしょうか？　それは旧社会だからです。先に述べたように，旧社会のコードは「規格化」「分業化」「同時化」「集中化」「極大化」「中央集権化」です。安価に大量の製品・サービスを生産するには，工場や機械のみならず，人も集中・分業化しなければなりません。その場所は中央集権化に基づき本社において極大化します。さらに行政の中央集権化に対応するため，本社は東京などの大都市に置くこととなります。結果として，地方から人材を奪い取っているのです。

競争を勝ち上がっても将来の豊かさが保障されない時代

　現在，道府県の教育委員会は東京大学などの大都市のトップ校への進学者数を上げることを求めています。しかし，これは道府県の予算を使って貴重な人材を他地域に明け渡していることになっているのではないでしょうか？

　都会に進学し大企業，中堅企業に就職できたとしても安心できません。10年で３割の企業が倒産し，20年で半分の企業が倒産する時代です。仮に倒産しなくても，就職して３年以内に離職する割合は３割を超えているのです。先に述べたように，AI時代では，ごく一部の取締役以外は，下級管理職以上にはなれないのです。保護者は子どものためと思い，高い学費を払って親元から離れる子どもを見送っています。しかし，先に述べたように，今の学校は幸せを保障することはできないのです。

　別の面から考えてみましょう。地域の小学校で成績トップの子どもが集まって，地域のトップ中学校に集まります。地域の中学校で成績トップの子どもが集まって，地域のトップ高等学校に集まります。地域のトップ高等学校のトップの子どもが，大都会のトップ大学に集まります。その度に，今までの人生でずっとトップだった子が，自分がトップでない現実を知ります。自分の成績が学年の半分以下であると知ったとき，それでも踏ん張って頑張ることはかなりの意志の力が必要です。いわゆる，地域のトップ高等学校の授業参観をすると，１年生の１学期はみんな勉強に向かっています。しかし，２学期，３学期，２年，３年になるにつれて勉強を放棄する生徒が目立つようになります。それらの生徒は出身中学校ではトップだった生徒なのです。

　今の学校の成績という一つの尺度で競争するならば，大多数の子どもは敗者になってしまうのです。結果として，地方において活躍の中心となってくれるローカルエリートが組織的に潰されているのが現状なのです。

一次元の序列

> 旧社会のコードによって，程度の差はあれども圧倒的大多数の子どもが負け組になるような仕組みの中で子どもたちは育ちます。この現状を打開するためには，幸せとは何かを語る必要があるのです。

規格化

　先に述べたように，今の子どもたちは東京大学の医学部，法学部を頂点とした単純な序列の中で闘わされています。東京大学法学部の定員は約400人，医学部は約100人です。つまり，１学年の約100万人の中で0.0005％が勝者で99.9995％は敗者になるゲームを闘わされているのです。

　ローカルエリートはその競争を小学校，中学校，高等学校と勝ち上がってきた子どもです。勝つことをモチベーションにしたのです。しかし，その多くは負けます。そのため，モチベーションを失い脱落していくのです。

　貴重な人材を失わないためには何が必要でしょうか？　それは東京大学の医学部，法学部を頂点とした単純な序列の外に出るべきなのです。

　考えて下さい。東京大学の医学部に合格し，地方の私立大学に落ちたという人がいると聞いたら，きっとビックリして「なぜ？」と思うでしょう。しかし，その大学が音楽大学，美術大学，体育大学であったとしたら，「なるほどね」と思うでしょう。そして，同時に「東京大学の医学部に合格する人が，なぜ，その大学を受験するの？」と疑問をもつでしょう。我々が「中卒より高卒，高卒より大卒，同じ高卒・大卒ならば偏差値の高い方がよい」という規格化した旧社会のコードの中に囚われているからです。

同時化

　日本の大学進学率は5割ですが，それ以上の進学率の国もあります。

　経済産業省「我が国の大学・大学院の現状」によれば，オーストラリアは91％，スロバキアは73％，アイスランドは72％，アメリカは63％，デンマークは59％です。なぜ，こんなに大学進学率が高いのでしょうか？　それは日本の常識とは違う，多くの日本人にとって意外な世界の常識があるからです。

　2015年度の大学入試での不合格者は6.7％です[15]。つまりほとんどの人は18歳で大学に入学します。ところが25歳以上で大学に入学する人は，オーストラリアは26.3％，アイスランドは38.7％，スロバキアは26.5％，アメリカは20.9％，デンマークは24.0％なのです。ちなみに日本は1.7％です。

　例えばアメリカの高等教育機関のフルタイム在学者の1.1％は18歳未満で（飛び級があるからです），18歳から19歳が32.6％，20歳から21歳が26.5％，22歳から24歳が18.3％，25歳から29歳は10.4％，30歳以上が11.1％なのです[16]。

　諸外国では進学率の高い国々は，高等学校卒業後，直ちに大学に進学する人は多くありません。数年間，時には10年以上働いて，自分でお金を貯めてから大学に進学するのです。

　苦労して貯めたお金で大学に進学するのですから，キャリアアップのためです。進学率の高い国々での「大学」は，日本で言えば専門学校に対応します。そこで学ぶことによって，投資に見合う即戦力の教育を得られる大学に進学するのです。

　ところが同時化という旧社会のコードに囚われている日本は，勝ち組は18歳で一斉に大学に進学し，22歳で就職するものだと固く信じています。社会も知らない若者が大学や企業を選ぶのですから，他人が貼ったラベルで選ぶことになります。具体的には，偏差値やリクルート社等の人気企業ランキングによって選びます。しかし，それらは将来の幸せを約束するものではないことは先に述べた通りです。

金太郎飴

　職業柄，色々な学校の研究発表会に参加します。研究担当の教師がその学校の研究を図によって説明します。その図には考えられるありとあらゆる単語が書かれていて，ご丁寧にそれらが全てつながっているのです。これでは何を言いたいのかが全く分かりません。また，校長室には学校のグランドデザインが掲げられています。これもありとあらゆる単語が書かれて，それらが全てつながっているのです。

　これは大学も同じです。大学にはディプロマ・ポリシー（どのような人材を養成するかという方針），カリキュラム・ポリシー（そのような人材を養成するためにどのようなカリキュラムを編成するかという方針），アドミッション・ポリシー（そのような人材・カリキュラムを実現するために，どのような生徒を求めるかという方針）の3つのポリシーがあります。それらは学部を判別することは可能ですが，大学を判別できるほどの特徴をもっているポリシーは多くはありません。

　いずれも遠目から見れば全て同じように見えるのです。それは，「文句を言われないようにします」なのです。

　しかし，それらを学校・教師の責任だとは言いません。結局，旧社会は規格化を求めます。それは学校・教師のステークホルダー*17である，子ども，保護者，行政も求めるのですから，学校・教師は応えなければならないのです。結果として，子どもや保護者は偏差値という一次元の情報によって進路を選びます。しかし，それでは多様で柔軟なSociety 5.0における進路指導を実現することはできません。

幸せ

　人気の運動部でのレギュラー争いは壮絶です。監督が勝つことを第一の目標と語ったチームでは，多くの負け組の子どもを生み出します。具体的には

3年間レギュラーになれなかった子どもたちにとって，その部活動はどんな意味をもつのでしょうか？

　では，教師としてどのように語るべきなのでしょうか？　それは勝つことを第一の目標とせず，それより上位の目標を語るべきなのです。勝つことは，上位の目標を達成するための手段にすぎないことを語るべきです。

　野球部で甲子園に出場した子どもを考えて下さい。圧倒的大多数の子どもにとって，大人になったときの思い出の一つになります。しかし，人の足を引っ張ってでもレギュラーになるほどの価値があるとは，私は思いません。そうであるならば，甲子園に行けず，1回戦，2回戦で敗退する部の子どもたちにとって部活動はどんな意味があるでしょうか？

　皆さんはどのように語りますか？

　私は「幸せ」を語ります。そうすれば，ローカルエリートを潰さずに育てることができます。

＊15　文部科学省「平成27年度学校基本調査」
＊16　中央教育審議会大学分科会（第25回）資料「諸外国の高等教育機関在学者の年齢別構成」
＊17　利害関係者

これからの社会の幸せ

日本がSociety 5.0に変わるとき，その中で幸せになるには旧社会での幸せとは違った，Society 5.0の幸せを見いだす必要があります。そのポイントは人とのつながりです。特に，小学校，中学校，高等学校での地域の人とのつながりが重要になります。即ち，子どもたちが50歳，60歳，70歳になったときの幸せを決めるのは地元の学校なのです。

　これからの時代の子どもたちの幸せはどのような姿なのでしょうか？

　多くの人は大金持ちになれません。残念ながら非正規雇用になる人もいます。その中で幸せになるとしたら，結婚するしかありません。非正規雇用の平均年収である179万円の人同士が，結婚すれば世帯での年収は358万円になります。正規雇用であれば，もっと多くなるでしょう。2人で結婚し同居すれば，住居費，光熱費，食費は2倍になるわけではありません。

　しかし，夫婦共稼ぎで大変なのは子育てです。ご苦労されている方も多いと思います。その中で比較的余裕をもてるのは，夫か妻の両親（つまり子どもにとっては祖父母）に頼っている家庭だと思います。ところが，皆さんのお子さんの時代の祖父母と筆者の時代の祖父母では状況が違います。私の時代は年金は60歳で支給開始でした。だから，引退した祖父母が孫の面倒を見ることができました。ところが，お子さんが頼る皆さんの年金支給開始は65歳であり，早晩，70歳になり，65歳，70歳まで働かなければなりません。そうなると悠々自適に孫の面倒を見る生活はできません。その中で余裕のある子育てをしたいならば，夫と妻の両方の両親と一緒に，あわせて6人で分担しなければならないのです。

さて，祖父母である両親に「子どもを迎えに行って」と高頻度で頼める距離はどれくらいでしょうか？　おおよそ中学校区程度ではないでしょうか？つまり，これからの共稼ぎが成り立つためには，夫婦の両方の実家が中学校区内にあることが必要なのです。

では夫婦の出会いはどこですか？

小学校，中学校です。

では，現状の小学校，中学校はそのような健全な出会いの場となっているでしょうか？

また，先に述べたように，企業の寿命は短くなっています。倒産したら再就職しなければなりません。今でさえ中高年の再就職は難しいですが，これからの社会はもっと厳しい。再就職するためには何が必要でしょう？

学校で身につけたい人脈

アメリカの社会学者であるマーク・グラノヴェッターは，失業して再就職した人になぜ再就職できたかを聞きました[18]。その結果，知人からの紹介で再就職した人が多かったのです。おそらく，親兄弟，親友は一生懸命に就職の世話をしたでしょう。しかし，ポイントは知人なのです。なぜでしょう？

理由は，親兄弟，親友を100人，200人もつことは不可能ですが，知人は可能です。また，親兄弟，親友のもっている人脈は自分の人脈と重なっているので価値が低いのです。つまり，多様で多数の知人をもっている人が再就職できるのです。

では，皆さんのもっている知人を思い出して下さい。その多くは就職先の同僚ではないでしょうか？　理由は，それ以外に日常的に出会える機会が限られているからです。ところが同僚は勤め先が倒産したときの再就職に役に立ちません。なぜなら，その人たちも同時に失業してしまい人の世話をする余裕はないからです。では，再就職に必要な知人はどこで得たらよいでしょ

うか？

　それは就職前，つまり学校で得るべきなのです。

　経営学者のトーマス・ダベンポートは『AI 時代の勝者と敗者』（日経 BP）の中で，AI 時代（IT 化，機械化が大幅に進む時代）においては，人に残される仕事は大幅に変わることを指摘しています。例えば，教師，弁護士，会計士，医者，科学者，記者などは AI の方が有能になり，多くの人は AI に置き換えられます。

　その中で生き残る仕事は5つあるとしています。

---

①ステップ・アップ：機械によって構成されるシステムをより高次の視点から見て，その評価をし，応用・拡大などの意思決定を行う仕事。いわゆる組織の上級管理職の仕事です。

②ステップ・アサイド：機械が苦手としている「人間らしい」仕事。相手の微妙な感情を読み取る仕事や，非常に細かな気配りや手作業での微調整等が必要な仕事など。看護師や介護士などが代表的です。今後は，この能力の高い医師が生き残るでしょう。

③ステップ・イン：新しい技術とビジネスをつなぐ仕事。IT 起業家など。

④ステップ・ナロウリー：機械に任せるにはコストが見合わない仕事。少数の人間しか知らない専門的な仕事。ある種の料理人，希少動物の飼育係など。

⑤ステップ・フォワード：新しいシステムを生み出す仕事。IT 専門家，データ・サイエンティスト，IT コンサルタントなど。ホワイトハッカーもこの部類に入ります。

　例えば，医者に関して言えば，ステップ・アサイドの能力を生かせる人は生き残ります。それによって患者の自覚していない症状を引き出し，自身の病状を理解し前向きに治療しようと思わせることができる医者です。

しかし，いずれにせよ多くの子どもにとって手出しできるレベルを超えているように思います。普通の子どもが手を出せる，AIに置き換えられない人とは，普通の能力を組み合わせることによってニーズを生み出すことのできる人です。

　よく言われることですが，100人に1人がもっている能力で生き残ろうとしたら，AIを含めて多くの競争相手がいます。しかし，その人が100人に1人がもっている別の能力をもっていて，それを組み合わせたら1万人に1人の人になれるのです。それに対するAIを構築するのは手間です。何よりも組み合わせるという発想をAIはできません。

　今や美容院の数はコンビニの数より多いと言われています。美容師の収入で生活できるか分かりません。しかし，店舗をもたず老人ホームに出張する，高齢者を専門とした出張美容師が生まれています。組み合わせで新たなニーズを生み出したのです。

　このレベルだと，トーマス・ダベンポートの言っている能力に比べると「もしかしたら我が子にも」と思えますね。しかし，冷静に考えましょう。上記のことができる人が国民の中の何％いると思いますか？　お子さんはどうでしょうか？　仮にお子さんがそのような能力をもっているとして，その能力を70歳までの職業生活の中で常に維持できるでしょうか？

　この手の今後の社会における必要な能力を語る人は多いです。しかし，私は違和感をもちます。「何％の子どもが救われるの？　勝ち組の論理じゃないか」と思うのです。我々の多くは普通の人です。では，普通の人が生き残るには何が必要でしょうか？　それは上記の能力をもつ人とつながれることなのです。

　つながれない人は，「AIや機械を導入するには割の合わない利の薄い仕事＝低賃金の仕事」しか残っていません。

　もしローカルエリートが潰されずに上記のような能力を獲得して，地元で起業できたなら，地域は活性化できると思います。

富の創造

　アルビン・トフラーの『富の未来』（講談社）を読み始めたときは，いち早くこれから価値が上がるものを読み取ろうとしました。読み終わった後は，自分が見事に旧社会のコードに囚われていることを知りました。Society 5.0では自分オリジナルの富を創造すべきなのです。

　旧社会では価値観も規格化されています。多くの人が同じモノを求めれば希少性が生じ，価格が高まります。結果として多くの人は羨望しつつも得ることができず，その羨望が，持てる人たちの優越感を満足させるのです。高度成長期のようなことは今後の日本ではあり得ません。限られた収入の中で生活しなければなりません。その中で全ての人が富を得ようとするためには，他の人が興味をもたないモノを富とすればよいのです。

　私が印刷を頼む印刷屋のオヤジさんの趣味は石集めです。休日は河原を歩いて，気に入った形の石を集めて飾るのです。印刷屋に行くと，コレクションコーナーに呼び込まれ，「先生，これって○○にそっくりですよね。あ，これね……」とニコニコしながら延々と語り続けるのです。私はその幸せそうな顔を見ていますが，興味はもちろんありません。このオヤジさんは原価０で幸せになっているのです。

　私の数少ない趣味が古本屋に行って，気に入った100円コーナーの本を買うというものです。100円コーナー以外では買いません。あるとき出張で東京を訪れた際，飯田橋に行きました。その後，秋葉原，亀戸，錦糸町に行き，本探しで４つの古本屋を２時間半かけて回りました。結局，飯田橋，秋葉原では欲しい本が見つからず，亀戸で単行本２つを見つけました。前から欲しかった本なので嬉しかったです。一般の人から見れば，馬鹿馬鹿しいですよね。でも，多くの人が馬鹿馬鹿しいと思うものだからお安く楽しめる。

　夏の甲子園関連のニュースを聞きながら，また，オリンピック，ワールドカップ関連のニュースを聞きながら，「あ〜旧社会の仕組みだな」と思います。なぜなら，多くの国民が規格化された競技に熱狂し，それを成り立たせ

るためにマスコミが組織的に宣伝し，中央集権的な極大化した組織が管理しています。東京大学社会科学研究所・ベネッセ教育総合研究所の調査「子どもの生活と学びに関する親子調査2016」によれば，運動部への参加率は中1で66.2％，中2で63.7％，中3で57.3％，高1で50.0％，高2で45.0％，高3で29.2％です。また，同研究所の「大学生の学習・生活実態調査報告書[2008年]」によれば，大学生の運動部への参加率は24.8％です。中学校，高等学校での組織的な指導がなければ，運動部に参加したいと思う子どもは約4分の1にすぎないのに，組織的な指導によって中学校で6割まで上げられている事実があります。

　では，今後，どうなるか？　今，テレビを観ずにネットで情報収集している世代が育っています。それらが親世代を占めます。当然，子どもはそうなります*19。結果として規格化されたマスコミの呪縛から逃れ，自由に自分のやりたいことを考えられるようになります。そうすれば，運動部の参加率は下がり，甲子園，オリンピック，ワールドカップの視聴率が下がるでしょう。それはSociety 5.0への潮流の一つと解釈すべきです。

　今の学校では，「中卒より高卒，高卒より大卒，同じ高卒・大卒ならば偏差値の高い方がよい」「甲子園に出場するのはよい」等の規格化された価値観を植えつけています。そのような呪縛から逃れさせることが，子どもの幸せを確かにすることにつながります。

*18　野沢慎司編・監訳『リーディングスネットワーク論　家族・コミュニティ・社会関係資本』勁草書房
*19　幸島の猿の話を知っていますか？　最初に芋を海水で洗うことを発見したのは若い猿です。それは若い猿の間で広まり，年長の猿は最後まで洗うことはしませんでした。そして時が過ぎ，幸島の猿は全員，芋を海水で洗うようになりました。

専門性をもつことが難しくなった
高等学校教師

現在の公立高等学校は進路指導・就職指導に関して専門性をもつことが
困難になってしまいました。そのため，普通科高等学校では，とりあえ
ず進学を勧めるしか戦略をもてないのです。しかし，先に述べたように，
それは豊かな将来を保障するものではなくなりました。

　昔は強制力のある人事異動のルールはありませんでした。そのため，一つ
の学校に長い間勤め続けることも可能でした。しかし，それによって人事異
動が停滞してしまいます。そのため，現在多くの都道府県では一つの学校に
勤められる年限が決まっており，強制的な異動が行われています。自治体に
よっては義務教育の場合は教育事務所単位での異動がありますが，都道府県
立の高等学校の場合，全県レベルの異動が基本です。その結果，地域のトッ
プ校の教師が，学力的には底辺の学校に異動することもあり，また，その逆
もあり得ます。その結果としてその学校に特有のノウハウを獲得できる前に，
生徒に教え，指導することが常態化しています。
　例えば，地域のトップ校の場合，進路指導のノウハウが必須です。特に，
その学校の生徒が進学しようとする大学の入試問題の傾向を理解していなけ
ればなりません。
　一方，生徒のほとんどが進学ではなく，就職する高等学校の場合，就職指
導が重要です。その場合，生徒の指向性を理解するとともに，その生徒と企
業をマッチングさせなければなりません。そして，地元企業の人事担当者と
の信頼関係を基礎とする人間関係が必要です。ところが，異動したばかりの
教師にはそのような人間関係はありません。

もちろん，ほぼ全ての生徒が大学進学で，進学先の大学の偏差値の分散が小さい高等学校の場合，個人としては進路指導のノウハウをもっていなくとも，教師集団としてはそのノウハウをもっています。しかし，「ほぼ全ての生徒が大学進学で，進学先の大学の偏差値の分散が小さい高等学校」が日本中にどれほどあるでしょうか？

　生徒のほぼ全てが就職するという高等学校の場合，個人としては地元企業の人事担当者との人間関係はなくとも，職員集団としてはもっている高等学校はあります。その数は「ほぼ全ての生徒が大学進学で，進学先の大学の偏差値の分散が小さい高等学校」よりははるかに多いです。

　ただし，日本の高等学校の圧倒的大多数は上記以外です。高等学校教師も一般の方と同様に「中卒より高卒，高卒より大卒，同じ高卒・大卒ならば偏差値の高い方がよい」という学歴モデルをもっている人が多数を占めています。そうなれば，「とりあえず」大学進学を勧めます。幸か不幸か，少子化によって学力レベルにかかわらず進学できる大学はあります。しかし，先に述べたように大卒が正規雇用を保障しない時代なのです。しかし，大学卒業後の雇用のことを考える高等学校教師は少数です。多くの教師は自分たちの仕事を就職・進学までだと考えています。

　もちろん，現状の学歴モデルが危ういことを知っている教師も少なくありません。しかし，生徒の進路が多様である高等学校，即ち，圧倒的大多数の高等学校では，進路指導・就職指導のノウハウ・人間関係は個人に依存してしまうのです。ところが先に述べたように，個人としてそのようなノウハウ・人間関係を獲得しづらい状況にあります。

　しかし，そのような教師が多くはないこともご存じだと思います。そのことを憂いています。その思いは同じではないでしょうか？

　「中卒より高卒，高卒より大卒，同じ高卒・大卒ならば偏差値の高い方がよい」という旧社会では，規格化した高等学校教師で対応可能でしたが，就職が厳しくなり，子どもたちの指向性が多様な時代に，それを無視した広域人事の公立高等学校は対応できません。

7.

これからの社会で生き残るためには，どんな教育が必要なのか

―広域通信制という選択肢―

> これからの社会で生き残るためには，一人ひとりが他の人とは違った武器をもつ必要があります。さらに，自分の生まれた地域での人的ネットワークが多数で多様であることが武器になります。これを広域通信制高等学校は実現できる可能性があります。

今までのまとめをしたいと思います。

大多数の子どもたちが幸せな一生涯を過ごすには，以下のことが必要です。

第一に，みんなと同じことで勝負するのではなく，自分自身に合ったものを見いだし，それを武器にできる仕事に就職することです。それは AI・ロボットに代替えされないものであるべきです。

もちろん，人間国宝並みの技量があれば AI・ロボットには代替えされません。しかし，多くの子どもにそれを期待するのは無理があります。AI・ロボットが参入するほど「旨味」のあるものではなく，ニッチ（隙間）市場*20をターゲットとした仕事です。

第二は，自分自身の生まれた地域で人的ネットワークを創り上げることです。その価値は先に述べた通りですが，他にもあります。

AI はビッグデータがあれば，人間を乗り越えた能力を発揮します。だから，ビッグデータになり得ないデータに基づくサービスは残るでしょう。つまり，中長期にわたる個人的データに基づくサービスです。具体的に言えば，地方の呉服屋です。

どの地域にも，お客が入っているのを見たことがない呉服屋があります。小さいときからあって，大人になっても潰れない。不思議だな～と思ったこ

とはありませんか？　そのような店の人は，いつも外回りで地域の家庭を回っています。商売するでもなく，お茶を飲み雑談をする，それを繰り返すのです。その中で，家庭の家族構成，好みなどの情報を収集するのです。そして，あるとき「そういえば幸子さんの成人式はもうすぐよね」と切り出して，用意した呉服を見せるのです。そんな仕事をしています。

　しかし，そもそもの顧客をどこで獲得したらよいでしょうか？　それは学校ではないでしょうか？　同級生，先輩，後輩が未来の顧客になるのです。

　さて，第一のポイントであるニッチな市場開拓をしようとしたら，ニッチな知識や技能を学ばなければなりません。ところが現状の高等学校は規格化した（即ち，みんながもっている）知識・技能を学ぶので手一杯です。

　これを乗り越えられる鍵となるのが広域通信制高等学校です。

　広域通信制とは，その名の通り，地域を特定せず広域の生徒を対象とした私立の通信制高等学校です。対義語である狭域通信制は一つの都道府県に限って生徒を募集しており，それらは公立学校です。

　実は通信制高等学校には非常に面白い特例が認められています。平成30年版高等学校学習指導要領総則の第3章の第2節の5に「通信制の課程における教育課程の特例」があります。それを説明いたします。

　高等学校の各科目には学ぶべき時間は単位数で定められています。授業は年間35週で構成されています。1単位50分の授業を35回受けることによって習得できます。簡単に言えば，時間割に1コマ入っている科目を35週受ければ1単位修得できます。数学Ⅰは3単位です。従って時間割に3コマ入っているのです。年間で35回×3の105回の50分授業を受けます。他の科目も同様ですので，時間割にはビッチリと科目が埋め尽くされていて，それをもとに年間35回の授業を受けなければなりません。それ故，子どもが学びたい個性的な学びを実現する余地はないのです。

　通信制の場合，そんな回数の授業を受けることは不可能です。それ故，特例があります。国語，地理歴史，公民及び数学に属する科目は，1単位当たり面接指導は1回でよいのです。面接指導とは双方向性を担保していればよ

いので，簡単に言えば授業と置き換えてもよいでしょう。つまり，105回の授業を受けなければならない数学Ⅰは通信制では３回で可能なのです。

さらに言えば，複数のメディアを活用すれば，即ち，ネット上の動画及びテレビ放送などを活用すれば，10分の８を免除することができるのです。３回を５で割ると0.6回ですが，別の定めで１回以上であることが求められるので，理論上，年間１回の授業でよいのです。

もちろん，授業以外に添削指導があります。これは１単位当たり３回ですので数学Ⅰの場合は９回以上あればよいのです。

ただし，ここでの計算はあくまでも理論上です。通信制ではそれ以上の授業をしています。そして学習指導要領に定められた質の担保をしています。

質の担保に関しては，2018年３月に「高等学校通信教育の質の確保・向上のためのガイドラインの一部改訂について（通知）」によってより具体的に定められました。そして現在，中央教育審議会で審議がなされています。しかし，数学Ⅰを年間で105回しなければならないのに対して，通信制は大幅にその数を減ずることができることは確かです。それ故に個別最適化した教育が可能となります。

一般的に，公立の狭域通信制高等学校は全日制教育に準じるカリキュラムを実現しようとしています。しかし，私立の広域通信制高等学校の中にはこの特例を積極的に活用している学校もあります。つまり，法の定める質の担保を保証した教育を一般の高等学校に比べて短時間で実現し，その他の時間を他の学校と差別化できる時間にしています。つまり，カリキュラムを高等学校卒業のための基礎的な時間と，一人ひとりの希望に合った特徴的な時間に分けています。

次章では，広域通信制高等学校の一つであるN高等学校を例にして具体的にご紹介したいと思います。

*20　大企業がターゲットにしないような小さな市場や，潜在的にはニーズがあるが，まだビジネスの対象として考えられていないような市場。

第3章

N高等学校の教育

　前章で述べたように，広域通信制高等学校には可能性が
あります。広域通信制高等学校の一つである，角川ドワン
ゴ学園が経営するN高等学校を例にして，どのような教育
が行われているのかをご紹介したいと思います。我々の多
くが学んだ高等学校と大きく違います。

　ただし，最初に申しますが，広域通信制高等学校の教育
は柔軟性があるので，常に更新・進化しています。その柔
軟性を読み取っていただきたいと思います。

N高等学校とはどんな学校か

全日制高等学校に通うA君

　朝，目覚しとともに起きる。昨日は夜まで友人と通信ゲームをしていたせいで寝不足だ。母親の声にせかされて急いで朝食を食べ，制服に着替えて自転車と電車で約40分の通学。学校に到着するとすぐに朝の会が始まり，本日の連絡を先生が話している。いっそLINEで連絡してくれればいいのに。口で言われても正直，朝から覚えていられない。1時間目は苦手な数学だ。そういえば課題が出ていたけどすっかり忘れていた。これでまた減点だ。1年生の冬くらいから分からなくなってしまって，なんとか2年になれたけどいまさら1年生の内容なんて質問できないし，でもなんとか赤点だけは取らないようにしないといけない。赤点が多いと親に連絡されるし，担任と面談とか言われかねない。みんなの前で呼び出されて自分が馬鹿だと思われるわけにはいかない。でも知らない間に授業が進んでいくし毎日ノートを取るので精一杯。ノートを提出しないと減点だから取らないわけにもいかないし，申し訳ないが睡魔に負けることもある。寝るな，寝たら減点とか言うけど今日は6時間目までずっと授業があるのだから多少は手を抜く授業がないとやっていられない。冬の体育がある日なんて運動場をただただぐるぐる走らされる。ぐったりしているところに物理の授業なんかがくるとどうしようもない。自分の意志とは無関係に意識はどっかにいってしまう。昼休みはご飯を食べて昼寝したいけど，友達との会話においていかれるわけにはいかないし。ようやく授業が終わったと思ったら放課後は部活動が待っている。

入学したときは先輩からの誘いで友達と一緒になって入ったサッカー部だったけど，今は毎日の練習がきつくて練習がない日が待ち遠しい。嫌なら辞めればいいなんて簡単に言ってくるやつもいるけど，そいつらだって放課後はバイト三昧で別に楽しそうじゃないし。親にもスパイクやらユニフォームやらいろいろ買ってもらったしなあ。そのうえ２年生になってからは部活動のあとは塾まで待っている。成績を心配した親に半ば強制的に行かされている。自分も多少，不安だったからしぶしぶ了解したけど大変だ。塾は個別対応なので質問したいところを教えてくれるから授業よりは分かりやすいんだけど，いつもいい先生にあたるとは限らない。分かりにくい先生のときはなんとかごまかして乗り切っている。そもそも僕はそこまで進学したいなんて思っていないのに，いい大学に行きなさいって親も先生もうるさいからなんとなくそうした方がいいのかなと今は思っている。部活動と塾のせいで夜ご飯はジャンクフードかコンビニばっかり。家でご飯を食べる日なんて週末に１日あるかどうかだ。サッカー部の顧問は体を作るために食生活は大事だなんて言うけどこっちにはそんな時間はない。塾から帰ると風呂に入ってようやく部屋でゆっくりできると思ったら大きな間違いだ。帰ってからシャワーを浴びると友達から通信ゲームの誘いがある。明日の課題もあるし，眠いから断りたいけど明日からの会話についていかないといけないのでなかなか断れない。ゲームの誘いがない日だって動画を観て情報を収集しておかないと話題に乗り遅れる。寝たいけど寝る間もないので慢性的に寝不足になるのだ。朝のニュース番組とかでは毎日のようにこれからの未来がどうなるか分からないとか不安だとか言っているけど，自分のやりたいことや未来のことなんて考えている時間は高校生の僕にはない。

N高等学校に通うB君

　朝，目覚ましで目が覚める。昨晩は少し早く寝たからすっきりとした朝だ。両親は仕事に行っているので自分で朝食を用意して食べる。親のコーヒーを勝手に飲むようになってから今は欠かせなくなった。朝食の後は部屋で数学と国語の授業を受けることにしよう。得意な国語の課題はなんなくできた。でも数学の問題がどうしても分からない。担任にSlack（N高等学校で利用しているコミュニケーションツール）で質問してもいいのだが，せっかくだし今日は外に行くついでにC男に聞いてみよう。C男からLINEが来たので（別にいいけど，シェイクおごりな）昼過ぎに近くのマックで待ち合わせる。いつも思うのだがC男の数学の説明はうまい。ネット講座も分かりやすいのだがかゆいところに手が届かないのでC男にかなり助けられている。おかげでレポートもテストも問題なくクリアできている。もちろん助けてもらってばかりではない，僕はC男の国語のレポートをかなり手伝ってあげているからお互い様だ。数学のレポートが終わったところで通信ゲームをしようと誘ってきたので，どうせならみんなでやろうとSlackに今から集まれる人に呼びかけてゲームを始めた。これは高校に公認されたe－スポーツ部の活動だ。必要があればプロゲーマーからの指導も受けられる。5人がネット上で集まり，昼過ぎまでマックで過ごした。C男と別れ，いつもの図書館に行くことにした。図書館に着き，ホームルームに参加。担任の先生はすごく明るくて面白い。最初から参加しなくても連絡は記録されているし，友達と先生が会話しているのを見るだけでも楽しい。先生がいつもボケてくるけどみんなでスルーしたりすると先生が寂しがるのも楽しい。毎日あるホームルームは用事がない限りほとんど出ている。ホームルームの後は予備校教師の授業の生放送に参加。中学校の教室ではひっそりと生活していた僕だが，予備校の授業では気軽に発言ができる。画面に自

分の打ち込んだコメントが流れるとテンションが上がる。ニコ生の感覚で授業に参加できている。講師の先生の話はめちゃくちゃ面白くてさすがプロだなと感心させられる。中学校の先生には申し訳ないがレベルが違う。絶妙のタイミングで講師が選択問題を出してきたりして，全員がどれくらい理解しているかすぐ分かる。間違いが多かったら適宜，解説してくれるからおいていかれることはない。この間は勇気を出して自分の英作文を写メって送ると速攻で添削されたうえにやたら褒められてテンションが上がった。毎回あっという間に講座は終わってしまう。ただ何ヶ所か分かりづらかったので，動画を巻き戻し何度も再生して復習しておく。この後，プログラミングの講座を観てから帰ることにしよう。プログラミングは中学校のときから興味があって少し自信があったけど全然レベルが違った。プログラマーとして現役で活躍されている先生方の講義はなるほどと思うことばかりで本当に役に立つ。正直，スマホを使えればいいと思っていたところもあったけど自分でアプリを作ってみると興味が湧いてきた。この間は自分で新しくアプリを作って友達に試してもらった。もちろんダメなところばかりだったけど，自分でアプリを作れるってことはもしかして世界に発信していけるんじゃないかと考えてしまった。プログラミングが終わり図書館から帰宅。家族と夕飯を食べながらホームルームの担任の話をする。家族はN高等学校のことを最初は少し心配していたみたいだけど，今では近所の中学生に宣伝しているみたいだ。どうやら小学生の弟はN中に入学する気のようだ。夕食を終え，お風呂に入り自分の部屋で今日の記録を入力してから消灯。自分の活動記録を情報として蓄積していくのが大事だっていうのはD子に言われて，たしかに大事だと感じたので続けている。高校に入学してから毎日，自分のペースで勉強できるっていいなと実感している。

二人の高校生の生活の違いから見られる広域通信制高等学校

　今，二人の高校生の生活を読んでもらいました。極端でしょうか。私はそうは思いません。今の全日制に通う多くの高校生は日々のスケジュールに追われています。未来は不安だ，どうなるか分からない，今までの常識では生きていけない。そんな言葉をかけられながら今までの高校生以上のものを求められます。総合的な学習の時間が総合的な探究の時間に変わり，各教科の名称も変わり探究という言葉が増えます。プログラミング教育も導入されます。しかし時間数はどうなるのでしょうか？　探究する授業が増えても子どもが探究する時間は増えていません。教科書はどうでしょうか？　もちろん学習指導要領を読めば教科書通りに授業を行いなさいとは書いていません。学習指導要領は解釈の自由度が高いもので決して教師を縛りつけるものではありません*21。

　要は高校生にあれもいるこれもいる，積極的に探究しなさいと言いながら，多くの高校生は部活動・塾・課題・友達との時間に追われスケジュールに余裕がないのです。主体的な学びを求めていますがかなりの時間を受け身で過ごすことしかできない環境におかれているのです。人間関係もお互いがお互いの顔色をうかがいながら，学校という空間で仲間からはじかれないように同じような話題を見つけることに神経を使っています。お互いの意見を交わして対話をするのは時間がかかります。必要だと分かっていても対応する時間はありません。

　N高等学校はそういった毎日，同じ時間に同じ場所に通わなくてはならないという高等学校教育を再定義しようとしています。既存高等学校をモデルにつくった学校ではなく「未来の普通の学校」を目指しているのです。

　では，「未来の普通の学校」とはどんな学校なのかをもう少し詳しく説明したいと思います。

新しいタイプの通信制高等学校

　N高等学校は不登校や学校に合わない子どもだけを対象にしていません。中学を卒業した子ども全ての第一志望になる学校を目指しています。入ってくれた子に役立つ教育をどれだけ提供できるかという考え方のもとに学校運営を行っています。N高等学校が言う役に立つ教育とは何か。それは進学と就職に結びつく教育です。進学と就職の役に立つ教育を行うことがN高等学校の基本理念です。未来に羽ばたく未来人を育てる，世界を創造する人材をつくるといった，どうなったら達成できたのかが判断できないような目標は掲げていません。

　N高等学校はなぜ学校に行かなくてはならないのかを問い直す学校です。なぜなら，学校に行くだけではこれからの社会に必要な力を得ることはできないからです。同じ時間に同じ場所に集まり，同じことをすれば認めてもらえる社会は存在しません。子どもが自らの意欲によって学び，その意欲に応えられる場所としての学校があるのです。つまり実際の場所がなくても問題ないということです。N高等学校は常に生徒が学びたいものを整えるために，通常の高等学校では考えられないスピード感をもって行動しています。子どもが興味をもったことに対して即対応していくことがもっとも効率的に結果につながると考えているからです。

＊21　これに関しては文部科学省官僚・合田哲雄さんが書かれた『学習指導要領の読み方・活かし方』（教育開発研究所）をご参照下さい。

多様な教育と多様な進路

本当のキャリア教育

　N高等学校で行われている教育の中身について紹介します。まずプログラミングの授業の内容ですが，関連会社のドワンゴがエンジニアとして採用したいレベル，IT企業のエンジニアインターンレベルを目指しています。なぜそこまでのレベルを求めるのか。答えは結果を出すためです。企業に余裕がないのでそれくらいの実力をもって参加しないと，企業側にも生徒にも意味がないからです。誰でもすぐにできる仕事をするだけならお金をもらってアルバイトをした方がよっぽど意味があります。これからの企業では企業内教育を期待することはできません。残念ながら企業に待つという余裕はなくなっています。大手と言われる企業も45歳からの早期退職の勧告を出し始めています。年齢ではなく何ができるのかが求められているのです。年齢よりもすぐに使える優秀な人材を雇いたいと企業は考えているのです。ただ一般的な高等学校のカリキュラムを受けていても企業が即戦力だと感じる人材になるのは困難です。N高等学校の教育は就職先で即使える教育を目指しているのです。

　もちろん全員が進路を確定しているわけでも，働きたいという気持ちが強いわけでもありません。仕事とは何なのかを考えるための職業体験の場も用意されています。担当者が全国に直接足を運び仕事を与えるのではなく，共に創造してほしいと頼み込んだ場所で職業を体験し，問題について協同で共創し，対話を重ねて職業について考えていきます。働く意味を問い直す時間となります。そこで感じたことを言語化しアウトプットし学びにつなげていく教育が行われています。

N高等学校ではとにかく自分で進路を決めるという意識が求められます。高校生が起業し自ら働く場所をつくることも可能です。実際に起業している生徒も多く在籍しています。一つの仕事をやり遂げるのが美徳という価値観がなく，高校生のときから複数の仕事を行っている生徒もいます。つまり，進路は何が正解という答えを想定していないところが多様な進路を次々と生み出しているのです。

デュアルシステム

　残念ながら現在，高校生の採用時期は全国的に固定されていますのでスケジュールありきの進路指導になります。高校1年生の段階で採用したいと企業が思っても不可能な現状があります。

　デュアルシステムという学び方があります。職場での学びを学校の教育の一部として積極的に組み込む教育です。それによって学校は最先端の機器を使った実習が可能となります。企業は将来の戦力となる人材を育て，確保することができます。発祥国であるドイツでは極めて長い期間を職場での学びに費やしています。しかし，日本の公立の職業高等学校で行われている日本型デュアルシステムは現状の職業体験の拡張版の域を超えていません。ドイツのような，早い時期に採用が内定され高等学校在学中からデュアルシステムのように学んでいくことができる環境が日本にはありません。N高等学校も当然ながら1年生から内定をもらうことはできませんが，先ほど述べたように企業が求める力を学び，企業と深く関わり学ぶことができています。企業側が今後どちらの人材を求めていくかは明らかです。

事実上のデュアルシステム

　デュアルシステムでは職場での学びを学校の学びの一部として取り組む，具体的には学校の単位としています。N高等学校では学校の単位とはしてい

ませんが，実質上のデュアルシステムを構築しつつあります。

　ネットコースの子どもたちは時間に自由度があります。そこで，多様な職業を紹介するジョブトラフという仕組みがあります。イメージとしては高等学校が子どもと企業の求人をマッチングします。ただし，アルバイトというより，正規職員のように働くのです。これを通して，自分に合った職業を，体験を通して探すことができます。

　また，キャリアバイトという仕組みがあります。これは将来のキャリアにつながる長期インターンを紹介するものです。キャリアバイトでは最低賃金以上の給与が保障されます。生活する資金を獲得しながら，キャリアにつながる経験を得ることが可能です。

　N高等学校ではプログラミングやデザインなどを，実務を通して学ぶことができます。生徒は幼少期からの経験やこれまで取得した資格や検定，またスキルを詳細に記入したポートフォリオを作成し，登録します。生徒は企業に応募し，企業は生徒のプロフィールを見て，企業から「いきなり最終面接」や「社長スカウト」などのオファーが来るのです。

　つまり，大学生の就職活動と同様なことが行われます。

　以上は生徒と民間企業を結びつける仕組みですが，地方自治体と生徒を結びつける仕組みもあります。

　地方自治体には人手が必要な仕事があります。例えば，以下のようなオファーがあります（2020年2月段階）。

　菓子店体験（沖縄県うるま市），司書体験（佐賀県武雄市），イカ釣り漁体験（山口県長門市），桂ひなづくり体験（茨城県城里町），波佐見焼（陶器）づくり体験（長崎県波佐見町），外国人用ゲストハウスでの英語でおもてなし体験（大分県由布市），マタギ（狩猟）体験（山形県小国町），レモン栽培体験（広島県大崎上島町），刀鍛冶体験（広島県庄原市），マグロ仲卸業体験（東京都豊洲市場），酪農体験（北海道稚内市），宿坊の僧侶体験（和歌山県伊都郡高野町）

一目で分かるように，非常に個性的な体験をすることができます。地方自治体は，この体験を通して，その職業，その地域に興味をもってくれる未来の担い手を生み出そうとしています。

多様な進路

　N高等学校には，数学オリンピックに出場する子どもや全国模試でトップグループに入る子どもがいる一方，中学校を不登校で過ごした子どももいます。教育においては，先に述べた実質的なデュアルシステムがある一方，受験に特化した教育も受けることができます。そのため，進路としては海外の大学，旧帝国大学に進学する子どももいますが，一方，専門学校に進学する子ども，就職する子どももいます。

　全日制高等学校は偏差値で輪切りにされています。そのため，進路のボリュームゾーンが自ずと決まっています。例えば，「旧帝国大学・早慶」「MARCH」「日東駒専」「大東亜帝国」等です。一方，ほとんどが就職する高等学校もあります。

　N高等学校の1期生の進路先は特異です[22]。一般の通信制高等学校の進路決定率は61.5％なのに対して，N高等学校の進路決定率は81.8％です。これは全日制高等学校の94.3％に比べると低いですが，全日制で不登校になった生徒が1期生のかなりの部分を占めることを勘案するならば，かなりの高率だと判断できます。例えば入学時のアンケートで不登校を経験したという生徒の77.1％が進路決定をしているのです。そして，内訳を見ると専門学校他が36.2％，就職者26.8％，大学が18.8％等と多様なのです。

　今後，中学校3年生の段階でN高等学校を積極的に選択した生徒の割合が増えるにつれて，この多様性の幅は大きくなると思います。

＊22　日本教育新聞，平成31年4月1日付

N中等部

なぜN中等部が誕生したのか

　2020年4月に角川ドワンゴ学園がN中等部を開校しました。なぜ高等学校だけで1万人の生徒を集め，今なお生徒数が増えているタイミングでN中等部を開校したのか。フリースクールやオルタナティブスクールが全国に増えている中でN中等部はどういったビジョンをもっているのか。答えは，新しい中学校の形を再定義しようとしているのです。今の中学校に合わない生徒だけではなく全ての中学生が行きたくなる学校づくりをしようとしています。新しい教育を受ける年齢は高等学校より中学校，そして小学校の方が望ましい。つまりN中等部は新しい教育をつくる過程として生まれた，いわば必然の学校なのです。

キャリア教育とは

　キャリア教育という言葉が世に出てそれなりの時間が経過しました。今なおキャリア教育の充実が叫ばれ続けています。なぜでしょうか。キャリア教育として取り組まれていることに職業体験学習があります。多くの中学校で先生が近隣の企業にお願いして数日間，中学生が職場体験をしています。中学生が職場に依頼の電話をかけたりしているところもあると思います。しかし根本的に足りていないことは何でしょうか。それは，働きたいという気持ちを育てることだと思います。N中等部ではキャリア教育をN高等学校と同じ場所で実施することができます。全国にある日本の伝統的な仕事や専門職の人から，働くとは何なのか，今ある課題は何なのかを聞いて考える機会を

つくっています。都市部にあるグローバル企業においても誰でもできるような仕事を体験してもらうわけではなく，課題を見つけ，考え，行動していくという作業を高校生とともに経験することができます。職場に行って与えられた仕事を受け身でこなして終わる職場体験では身につくことのない，働く意味や働きたいという動機づけを目標にしています。

N中等部の可能性

N中等部がイメージしている未来は，ホワイトカラーと呼ばれる人が成功を重ねていた時代とは大きく異なります。もともとある課題指示を受け，より迅速に正確にこなす能力は AI に代替されていきます。機械でできる範囲は今後すごいスピードで拡張していきます。地元の進学校に行き，偏差値の高い都市部の大学に行き一斉に就職活動を行い一流企業に就職すれば成功という未来は待っていません。さらに残念なことにホワイトカラーは世界中でニーズが薄まっているのです。ではどんな力が必要なのか。指示されたことをやるのではなく，何をやるべきなのかという問いを自らつくり，自分で考え，チームで考え最適解や納得解を導いていける力が必要になってきます。N中等部では21世紀型スキルワークショップと言われる授業を通じて，未来に必要な自己認識や情動対処といったスキル習得や課題解決のアウトプットを行っています。この21世紀型スキルは文部科学省ではなく経済産業省の「未来の教室」と連携しています。経済産業省が日本の未来に必要な人材をN中等部に求めているということが，N中等部が目指す未来が確かだと証明しているのかもしれません。

中学校ではありません

これをお読みの方の中には小学校，中学校のお子さんの保護者もおられると思います。残念ながら現在，文部科学省は通信制の小学校，中学校は認め

ていません。N中等部はフリースクールの扱いです。

　しかし法律で通信制の小学校，中学校を禁止していません。例えば，小学校，中学校の子どもが長期病気療養を必要とする場合，同時双方向の授業をやることによって出席と扱ってもよいという通知を出しています*23。

　とは言っても，広域通信制義務教育学校が生まれてしまうと制御不能になることをおそれる文部科学省はなかなか認めようとしないでしょう。しかし，そんなことを気にする必要性はありません。小学校，中学校に１日も行かなくても，「課程を修了した」という卒業証書がもらえます。私自身，高等学校教師だったとき，中学校に３日しか行かなかった子を教えました。過去には留年させた事例もありましたが，現在は全く行われません。仮に行おうとしても，財務省が絶対に止めます。なぜなら留置させれば，その分の予算が増えてしまうからです。

　もしかしたら学校長や教育委員会が，憲法26条の２の「すべて国民は，法律の定めるところにより，その保護する子女に普通教育を受けさせる義務を負ふ」をもとに説得するでしょう。保護者にとっては恫喝と思える説得もあるかもしれません。しかし，ご安心下さい。2016年12月に「義務教育の段階における普通教育に相当する教育の機会の確保等に関する法律」（教育機会確保法）が成立しました。学校における集団の生活に関する心理的な負担その他の事由のために就学が困難である子どもは学校以外の教育の機会を確保する権利があることを明記した法なのです。本来，文部科学省がこの選択肢を十分に用意すべきなのですが，今は未整備と言ってよいでしょう。だから，この法を盾に広域通信制を選択すればよいのです。2019年９月12日に岐阜市議会で早川三根夫教育長が述べたように「学校は命をかけてまで行くところではありません」ということです。

*23　2018年９月20日に文部科学省初等中等教育局長が発した「小・中学校等における病気療養児に対する同時双方向型授業配信を行った場合の指導要録上の出欠の取扱い等について（通知）」があります。

4.

不登校特例校

特例校

　前節で教育機会確保法への対応は未整備だと申しましたが，整備されつつあります。

　2016年の教育機会確保法の成立より前に，不登校児に対する対策が成立しています。構造改革特別区域法第2条第3項に規定する規制の特例措置である「不登校児童生徒等を対象とした学校設置に係る教育課程弾力化事業」の閣議決定に基づき，同法の手続によらずに実施できるよう，学校教育法施行規則の一部を改正し，その旨を2005年7月に初等中等教育局長通知において周知しています。

　不登校児童生徒の実態に配慮した特別の教育課程を編成して教育を実施する必要があると認められる場合，文部科学大臣が，学校教育法施行規則第56条に基づき（第79条（中学校），第79条の6（義務教育学校），第86条（高等学校），第108条（中等教育学校）において準用），学校を指定し，特定の学校において教育課程の基準によらずに特別の教育課程を編成して教育を実施することができます。

　ここで言う「特別の教育課程」とは，憲法，教育基本法の理念を踏まえ，学校教育法に定める学校教育の目標の達成に努めつつ，施行規則の定めにかかわらず編成される教育課程のことです。つまり，教育関係の上位法の趣旨に沿っているならば，学習指導要領の定めによらない教育課程を編成することができるのです。

　2018年4月時点での指定校は，高尾山学園小学部・中学部（公立小中学校・八王子市），洛風中学校（公立中学校・京都市），学科指導教室「ASU」

（公立小中学校・奈良県大和郡山市），星槎中学校（私立中学校・神奈川県横浜市）▽鹿児島城西高等学校普通科ドリームコース（私立高等学校・鹿児島県日置市）▽東京シューレ葛飾中学校（私立中学校・東京都葛飾区），洛友中学校（公立中学校・京都市），日本放送協会学園高等学校（私立高等学校・東京都国立市）▽星槎名古屋中学校（私立中学校・名古屋市），星槎もみじ中学校（私立中学校・札幌市），西濃学園中学校（私立中学校・岐阜県揖斐川町），第七中学校・分教室「はしうち教室」（公立中学校・東京都調布市）の12校です。これらはN中等部とは異なり，学校教育法における中学校です。

教育課程の特徴

　基本的に年間の総授業時間数を軽減し，体験型の授業の割合を上げます。そして，子どもたちの心のケアを重視し，ソーシャルスキルトレーニングを取り入れます。

　例えば，調布市立第七中学校はしうち教室では，特例を活用して以下のようなカリキュラムを設けています。

①年間の総授業時数1015時間を，910時間の低減とする。なお，朝の時間のゆとりを考え，午前３単位時間，午後２単位時間を基本に設定する。

②表現科（各教科等で習得した知識・技能を，各自の興味・関心のある学習内容に活用し，自分の得意とする手法で表現する）を設定する。

③コミュニケーションスキルトレーニング（略称：CST）を充実する。

④一人ひとりの状況に応じた指導体制の充実を図るために「個別学習」の時間を設定し，不登校による未学習の内容を補う時間を確保する。

　不登校の子どもにとっては，このような学校も有力な選択肢の一つだと言えます。

第 4 章

通信制高等学校 Q&A

通信制高等学校と言うと多くの保護者・教師は，全日制高等学校に何らかの理由で学べない子どもが，消極的に選択する古い通信制高等学校のイメージをもっています。また，新しい広域通信制高等学校の魅力を理解している子ども・保護者・教師も，その実態を知らないために様々な不安をもっています。

本章では，代表的な疑問に対して，ご説明いたします。

Q1 通信制に行っている子どもはどれくらいいるの？

A1 ▶ 通信制は高等学校に途中で行くことができなくなった子どもの受け皿的な学校だと考えている教師や保護者の方は多くいると思います。実際に全日制から通信制高等学校に編入してくる子どもは多いです。不登校やどうしても全日制にフィットしなかった子どもが行く学校というイメージが強い通信制ですが，文部科学省の学校基本調査によれば，2019年度の全高校生の17人に１人は通信制で学んでいます。既に通信制が高等学校教育の選択肢として考えられつつあると思っています。

Q2 どうやって入学するの？

A2 ▶ まず高校入試とは何のために行われるのでしょうか？　中学生の数と高等学校の入学者枠を比較すると中学生の数の方が少ないです。つまり中学生全員が高等学校に入学することは可能です。しかし，皆さんの周りの高等学校を考えて下さい。学力以外に特徴を打ち出している高等学校がどれくらいあるでしょうか？　しかも高等学校の選択肢は生徒や保護者の方にとっては住んでいる地域の中だけです。中学校の学力テストによって高等学校を単純に振り分けていませんか。何をしたいからあの高等学校に行くと言えるような学校が周りにどれくらいあるでしょうか。

　広域通信制の入試方法の多くは書類選考のみとなっています。入試問題はないところが多く，一部の学校で面接や作文が行われています。ただし面接の質問内容は志望動機や入学後に何をしたいかなどです。つまり広域通信制の入試は落とすための試験ではなく，高等学校で何をしたいかを知る，入学後の意欲を確認するものです。最初の問いに戻ります。高校入試は何のために行われるのでしょうか。私は各高等学校が特徴を打ち出し，子どもが何を学びたいから○○高等学校に行くという形になれば今のような選抜による入試の形はなくなるのではないかなと思っています。

Q3 ちゃんと卒業できるの？

A3 ▶ 広域通信制に行けば自分のペースで学習ができるので卒業しやすい，安心だと思っている生徒や保護者の方がいます。しかし，卒業率は全日制と比較すると全日制の99％に対して94％と少し低いのが現実です。ただ，全日制にフィットせず通信制に編入した子の人数分は全日制の卒業率の分母に入っていません。それを考えれば通信制の卒業率は全日制と同等か，それ以上と言えるのではないでしょうか？　全日制に通えなかった子どものほとんどが卒業できているのです。

　通信制で卒業できない子どもたちが生まれる原因として，自分でレポートを提出し，自分で学習を進めていく際に明確な目標がないとモチベーションを継続できないということが考えられます。もちろん広域通信制は対策として，入学後の生徒のモチベーション維持のサポート体制を充実させています。もっとも多い取り組みが，精神的に不安定な生徒をサポートするための心理カウンセラーの資格をもった教員を配置する取り組みです。現在，多くの全日制学校にもスクールカウンセラーが配属されていますが，人数が足りておらず，連携がうまくいっていません。また特定の学校だけに支援人数を増やすということが困難です。しかしながら，私立の広域通信制では必要な教員の数だけを増やすことが可能ですので対応が手厚くなります。さらに，授業を担当することがないので担任から電話をかけ家庭訪問なども行われてサポートされています。

　学力の心配がある生徒に対しても，個別対応でつまずきのあったところまで戻りじっくりと学習できる環境が用意されています。全員の前だと分からないと言えなくても個別だと質問しやすくなりますし，自身で必要な教材を選択して学ぶことができます。

Q4 友達はできる？

A4 ▶ インターネット上だけで友達ができるのかと心配な生徒や保護者の方は多いと思います。しかし「あなたのお子さんには通信制高校が合っている！！」（学びリンク）が調査したデータによると，友達がつくれそうだと思っていた生徒の割合が19％から31％に向上しています。通信制高等学校での友人関係づくりが期待以上だったことが分かります。なぜでしょうか。理由は単純です。広域通信制高等学校では人間関係が固定化しません。会いたくなければ会わなくてよいからです。学校の校舎という場所に行き同じ時間を過ごす必要がありません。合わない人，嫌な人とは付き合わなくても十分に学校生活を過ごすことができるのです。ネット上で知り合った友人とスクーリングや自分たちで連絡を取り合い実際に遊ぶというケースも多くあります。Slack と呼ばれるコミュニケーションツールによってネット上にクラスが組織されることでお互いのことを知り，共通の話題がある子と交流したければ交流できる環境があります。もちろんネット上の匿名性を利用したトラブルも発生していますが，固定された人間関係より容易に逃げやすい環境があります。広域通信制では「みんなと同じ」を求められる機会がありません。むしろ違うことが求められる場所なので友達はつくりやすいのかもしれません。

　さらに言えば，中学校の仲のよい友達同士が，「一緒に受験しよう」と誘い合って一緒に入学するというケースはどんどん増えます。

Q5 高等学校卒業資格は全日制と同じなの？

A5 ▶ 高等学校卒業資格は全日制，定時制，通信制どこでも同じです。しかしそもそもなぜ高等学校卒業資格は必要なのでしょうか。見失ってはいけないことは，高等学校卒業資格はあくまで次への手段であって目的ではないということです。現在のシステムでは高等学校卒業資格をもっていないことが不利になることはたびたびあります。しかしこれからは間違いなく，卒業ま

での期間で何を学ぶか，社会に出たときにどんな能力を身につけているかが大切になってきます。どこの課程を卒業したかは問題ではありません。ちなみに，高卒の資格だけでよいなら高卒認定試験を受けて合格すればよいと思う人がいるかもしれません。しかし，高卒認定試験は高等学校卒業程度の学力があるという証明なので履歴書に高等学校卒業と書くことはできないという違いがあり，現在のシステムにおいては不利になることが多いので広域通信制は高等学校卒業資格が取れるように設計されています。

Q6　広域通信制高等学校の通信コースと通学コースの差って何？

A6 ▶ 広域通信制高等学校では現在，ほとんどの高等学校で通信（ネット）コースと通学コースが存在しています。何が違うのかを簡単に説明します。

　通信コースとはネット上でのやりとりのみで学ぶコースです。しかし全く学校に登校しなくてよいというわけではありません。スクーリングと言って，決まった日数は学校に登校しなくてはなりません。登校する場所は在籍する広域通信制高等学校か協力校・サポート校になります。スクーリング以外にもテストや面談を受けに数日の登校が必要になるのが通信コースです。

　では，通信制の通学コースとはどのような内容なのでしょうか。通学コースは各高等学校によって方法が異なりますが，基本的にはサポート校と呼ばれる広域通信制高等学校の教育をサポートする場所に通いながら学ぶコースのことを言います。普通科高等学校と同じように月曜から金曜まで朝からサポート校に登校し，授業を受けるという通信制高等学校も存在します。また，登校時間は学校が開校している時間なら自由でよいけれども必ず週に1日は通学するというコースもあります。週に1日登校するコース，3日登校するコースなどから本人が選択してサポート校に登校します。通学コースとは決まった日数をサポート校に直接行き，そこで授業や面談を行いながら学んでいくコースのことです。サポート校は文部科学省の認可を受けている施設ではないため，生徒を教える人は必ず教員免許を所有する必要はありません。

サポート校で学習指導要領とは異なった，独自の教育を行うことができる理由です。しかし就学支援金を受けられないので費用がかかるという欠点もあります。お金についてはＱ7で詳しく説明します。

Q7　お金はどれくらいかかるの？

A7 ▶ 広域通信制高等学校にかかる費用についてお話しします。広域通信制はお金がかかるというイメージをもっている方は多いと思います。しかし広域通信制高等学校の通信コースの費用は多くの全日制高等学校と変わりありません。

　なぜなら全日制高等学校と同様に，国から高等学校等就学支援金という授業料支援を受け取ることができるからです。他にも生活保護世帯，住民税・所得割非課税世帯は高校生等奨学給付金という，教科書費・教材費など授業料以外の教育費支援を受けることができます。

　また都道府県ごとに無償化の動きを進めている自治体もあります。例えば，東京都には「私立高等学校等授業料軽減助成金」という制度があります*24。一定の年収以下の東京都在住者に対して，授業料が実質無料か，かなり安くなります。例えば，NHK学園高等学校，科学技術学園高等学校，北豊島高等学校，立志舎高等学校，目黒日本大学高等学校（旧 日出高等学校）の通信制はその対象となっています。

　現在，Ｎ高等学校は認可を受けていません。そのＮ高等学校の通信コースの授業料がどれくらいになるのかを計算してみます。

　Ｎ高等学校の１単位当たりの授業料は7200円です。他に入学金が10000円。施設設備として年間50000円，教育関連費として年間13000円が必要となります。１年間の費用は世帯年収が590万円未満の場合は年間で約70000円になります。おおよそですが３年間で約21万円の負担が必要になります。世帯年収入が590万円〜910万円の場合，負担金は３年間で約38万円程度になります。

　しかし，Ｑ6で説明した通学コースの費用とあわせて全日制高等学校と比

較すると高額です。通学コースにかかる費用は授業料支援が適用されません。通学コース用のお金が必要になってきます。金額に関しては通学日数や施設によって大きく違っているので学校ごとに事前の確認が必要です。

　ただ，勘違いしてほしくないことは，確かに今までの高等学校にかかる費用と比較すると広域通信制高等学校の通学コースは高額に感じるかもしれません。しかし，考えてみて下さい。高等学校に行きながら塾に通う，習い事に行くのには当然お金が必要です。専門的なことを学ぼうと思えば思うほど場所が限られ費用がかかります。卒業後に専門学校に行くにもお金がかかります。広域通信制の通学コースの費用は高等学校に行きながら学べるための費用だと考えていけば，高等学校3年間という時間をかなり有効に使えるためのお金だと考えることができると思います。

Q8 転入学と編入学は何が違うの？　どうやって転入学・編入学するの？

A8 ▶ 全日制高等学校から通信制高等学校には転入学と編入学の2種類の方法があります。どういった違いがあるのか。シンプルに説明すると転入学は転校（在籍したまま学校を変える），編入学は高等学校中退（一度，高等学校を辞めてから新しい学校に入る）となります。転入は基本的にいつでも転入試験を受ければ転学できますが，編入は学校が設定した時期に編入試験を受けて編入することになります。ただし，どちらの場合であっても単位を修得していれば転編入学した先の通信制高等学校に引き継ぐことが可能です。単位を引き継ぐとはどういうことか。在籍している高等学校で認定された科目を転編入先の学校でも修得したとして扱ってくれるということです。従って，転編入するからといって高校生活が長くなるというわけではありません。しかし，注意が必要なことがあります。高校1年生の途中から編入学する場合は辞める時期が1年生の最後の時期であっても編入先に単位を引き継ぐことができないので，再受験をし単位0の状態から高校生活を開始することになります。高等学校卒業の条件は全日制・定時制・通信制課程ともほぼ共通

で決まっています。以下の通りです。

　①74単位以上の修得
　②通算３年以上の修学
　③３年間で30時間以上の特別活動の参加

　通信制高等学校は単位制という仕組みを取っていますので，転編入しても74単位の修得が可能なので３年間での卒業が可能なのです。ただ３年間で高等学校を卒業することが正解という考えはなくなってくると思います。

　現在，通信制高等学校に在籍する生徒は全日制高等学校と比較すると中学校からの新入生より転編入生の割合がかなり高いです。年度当初の在籍数と年度末の在籍数を比較すると毎年，年度末の数の方が多くなっています。今の高等学校にフィットしていなければ辞めなくてはならない，ではなく，学校を変えるという選択肢があるということを考えてほしいと思います。

＊24　都道府県によって基準や対象が異なりますので，お住まいの地方自治体にご確認下さい。

第 5 章

海外進学

　海外の大学に進学する子どもたちがレアケースではなくなっています。本書で書いた日本社会の変化に日本の大学が対応できていないと理解している子ども・保護者・教師がレアケースでなくなった反映です。さらに，大学進学にとどまらず，日本という国にしがみつくことの危うさを理解するようになったとも言えるでしょう。

　残念ながら，現状の日本の学校で海外進学を本格的にサポートできる高等学校はほとんどありません。それには理由があるからです。そのため，子ども・保護者が学校に頼らずに情報を得るしかありませんでした。しかし，今，海外進学をサポートできる広域通信制高等学校が生まれるようになりました。

海外進学という選択肢

> 海外で活躍したいという子ども，また，海外人材を優遇する国内企業に勤めたいと願う子どもが今後増えてきます。しかし，それをサポートできる学校が国内にはほとんどないのです。なぜなら，海外の入試の仕組みが日本の入試の仕組みと全く異なるからです。

　以前に比べて海外の大学に進学する子どもが増えています。これは賢い選択肢の一つだと思います。日本の GDP の 8 割強は国内市場です。ところが国内市場が少子高齢化によって小さくなっているのですから，日本の景気は基本的に下がっていきます。それ故，日本での就職ではなく海外の就職を考える子どもが生まれるのは当然です。その場合，海外の大学に進学した方が明らかに有利です。国内の企業でも国際化のために海外のトップ大学出身者を積極的に採用しています。そうであるならば，海外の大学出身の日本人はかなり有利と言えるでしょう。

　しかし，これを支える学校はほとんどないのが現状です。

　先に述べたように公立高等学校の場合，人事は全県レベルです。そのため海外進学のノウハウをもつ教師を確保することは困難なのです。

　アメリカの大学の受験は日本の受験とは全く異なります。公平であることが第一優先である日本の受験は基本，テストの点数です。そのために大学入学共通テストにおいて記述式が頓挫するほどです。ところが，アメリカの大学は公平より公正であることを優先します。アメリカの大学はハッキリとした欲しい学生像があります。それは一つ一つの大学で異なります。受験生はエビデンスによってそれをアピールしなければならないのです。例えば，部

活動での全米レベルの優勝経験，個性的な資格，ボランティア経験，インターンシップ等々があります。生徒はそれを高等学校3年間の中で積み上げなければならないのです。これはテストの点数を積み上げようとする，現在のトップ校の教育とは両立することが困難なのです。さらに言えば，そのようなエビデンスの積み上げは中学校から始める必要があります。義務教育段階の公立中学でアメリカの大学受験の仕組みを知っている人はほとんどいません。

　一方，人事異動がない私立学校の海外進学コースの現状も五十歩百歩の状態なのです。海外進学コースを立ち上げようとするならば，海外の受験に精通しているスタッフを揃えなければなりません。語学の授業のためには多数のネイティブスタッフを揃えなければなりません。先に述べたような資格，ボランティア経験，インターンシップ経験を積み上げるには，それに対応するスタッフも用意しなければならないのです。

　さらに言えば，IB（国際バカロレア）の認定を受けるためには施設整備など莫大な予算がかかると同時に，スタッフに関しても様々な縛りがあります。

　つまり，莫大な予算が必要になるのです。一方，海外進学を希望する子どもは多くはありません。そもそもそれを可能とする収入のある家庭が多くはありません。大都市であったとしても，海外進学コースで1クラス程度の生徒を集めるのが手一杯です。結果として費用対効果が成り立たないのです。そのため，比較的予算のある高等学校が看板として設置している場合が多いのです。内情は火の車で，その教育内容も予算的に限界があります。

　しかし，広域通信制高等学校の場合，募集範囲は日本全国です。理論上，現状の高等学校の数十倍，数百倍の生徒を集めることができるのです。それ故，予算的に十分にペイする海外進学コースを設置することができます。

2.

海外進学のための広域通信制

インフィニティ国際学院

　海外進学にとって必要な力とは何か。英語を学ぶことではなく英語で学ぶことです。自動翻訳機が普及し，フリーソフトであってもかなりの精度の翻訳が期待できます。しかし海外のトップ校に進学するためには翻訳機では当然，不十分です。思考として英語を使えることが求められます。

　インフィニティ国際学院は国際的に活躍できる人材養成を目指したフリースクール[*25]です。インフィニティ国際学院ではグローバル人材を育成するために日本国内での教育ではなく，１年次からフィリピンで寮生活をしながらマンツーマンで英語を徹底的に鍛えます。日本の学習教材を使用せずにMOOC や TED プレゼンテーションを視聴して，内容に関してディスカッションを行い，クリティカル・シンキング能力を高めていきます。インプットとアウトプットを英語で繰り返し，必要な能力を身につけていくのです。２年次は世界各地で連携してくれる研究施設やインターンシップ先にチームで入り，課題を見つけ解決しながら学んでいきます。３年次では各自が自身のもつ問題意識に取り組んでいくために世界各地の様々な場所で学んでいきます。世界中の場所をキャンパスとして，学びの場としていくのです[*26]。

AIE 国際高等学校

　海外進学を売りにした高等学校は多くありますが特徴的な学校をいくつか紹介していきます。AIE 国際高等学校という広域通信制高等学校は，国際バカロレア・ディプロマプログラム（IBDP）認定校です。全日制でもまだ

国内に多くないバカロレアの認定を受けることができる高等学校です。卒業すると海外への大学進学で優位になります。高等学校卒業認定に必要な時間を最小限にし，世界水準の教育プログラムを受け海外進学を目指すことができるというメリットがあります。

NIC

　他には海外の大学進学を前提に学ぶ広域通信制も存在しています。NIC International High School（高等部）です。大学部のカリキュラムを高等部のカリキュラムと並行して学び1年後から海外の大学で学ぶことが可能です。1年間国内で学び3年間海外で学ぶことで高等学校卒業資格だけでなく海外の大学卒業資格も取ることができます。選択肢の大学はアメリカ・カナダ・イングランド・オーストラリアをはじめアジア各国にも広がっています。

広域通信制の強み

　カリキュラムが柔軟なことに加えて広域通信制は学ぶ場所を選びません。ネット環境さえあれば授業を受けることもレポートを提出することも可能なのです。時間を拘束されながら日本の英語の授業を受け，学校外で予備校に通い海外大学進学の準備をする全日制高校生とどちらが世界で活躍できる人材になる可能性が高いでしょうか。自明だと思います。

　学校教育法で定められている学校ではありませんが，海外進学コースとして成功しているベネッセの Route H も，最初は旧社会的なガチガチのカリキュラムを構築しましたが半年でやめました。海外のトップ校に合格する子どもにとって必要なのはインスピレーションなのです。彼らは自らの学習マネージメントをできる子どもです（逆に言えば，それができない子どもは，そもそも合格できません）。具体的には定期的なスクーリングと海外進学が分かった担任の方針確認で十分です。だから旧社会的なカリキュラムは足か

せになります。それを捨てた Route H は初年度でハーバード大生を生み出しました。

　広域通信制高等学校はカリキュラムに自由度があります。海外のトップ校に進学する教育を実現できるのは，広域通信制高等学校なのです。

　なお，海外の大学に進学する場合，どれぐらいのお金がかかるのかということが気になるところです。これは各国，各大学によってまちまちです。それに対する信頼できる一次情報が我が国において決定的に不足しています。そのような情報を得たいならば，ベネッセ海外留学センターと栄陽子留学研究所に問い合わせることを勧めます。

＊25　後述するゼロ高等学院，Loohcs 高等学院と同様に，他の広域通信制と教育連携をすることにより高等学校卒業資格を取得できます。

＊26　アメリカのミネルバ大学をモデルとした通信制高等学校がインフィニティ国際学院なのです。ミネルバ大学については『世界のエリートが今一番入りたい大学ミネルバ』（山本秀樹著，ダイヤモンド社）を参考にして下さい。

第 6 章

様々な広域通信制
―8つのカテゴリとその特徴―

　広域通信制は全国から生徒を募集します。つまり競合相
手は全国の高等学校ということになります。その中で選ん
でもらう学校にならなくてはなりません。

　よく言われる例えですが，人気ナンバーワンになれる幕
の内弁当はありません。生き残るには何か売りのある弁当
でなければならないのです。本章では特徴ある通信制をラ
ベル分けして紹介していきます。

全日制高等学校の受け皿としての通信制高等学校

　全日制高等学校でなかなかフィットしなかったけれど全日制高等学校のような学校に通いたいという希望をもつ生徒や保護者に対応した通信制高等学校です。今までの高等学校のモデルをイメージしている人に受け入れやすい高等学校とも言えます。代表的な通信制高等学校としては「クラーク記念国際高等学校」があります。初の通信制高等学校での夏の甲子園出場でも話題になった広域通信制高等学校で，生徒数は１万人以上で広域通信制の中でも歴史と実績がある大手の高等学校です。

　中退した子どもたちの受け入れ先として1992年に創設した高等学校です。特徴は全日型コースという通学コースです。週に５日間，制服で通学して学習します。全日制と同じように部活動も行われています。ただし，精神的ケアの充実のために先生方全員が心理カウンセラーの資格をもっていて一人ひとりの生徒の対応にあたっています。しかし，毎日登校するのが苦手という子どもにはフィットしません。様々な広域通信制では様々な通学プログラムを用意しています。子どもに合った選択が必要です。

発達障がいの対応に特化した通信制

　高等学校に進学したいけれど特別支援学級や通級指導学級がないので不安だ，という生徒や保護者に対応する通信制高等学校です。特別支援学校ではなく高等学校で学び自分の特性を伸ばしていきたいというニーズに応える通信制です。代表的な高等学校として「明蓬館高等学校」があります。明蓬館高等学校ではSNEC（スペシャルニーズ・エデュケーションセンター）という学習センターと連携し，普通の学校ではなかなか対応できない個に応じた環境づくりを実現させています。生徒が自分専用の学習ブースを設けたり，音や光に敏感な生徒が自分で学びやすい環境に変更できる場所づくりを行っています。学校の教師による曖昧な診断ではなく専門の職員による心理検査

が行われ，個々の支援計画が作成されます。評価に関しても全員に一律に評価するのではなく，成果物での評価が取り入れられ，個別に対応した柔軟な教育が行われています*27。

　なお，通信制ではありませんが，京都市立の白河総合支援学校は注目すべき学校です。しっかりしたデュアルシステムを構築し，手厚い進路指導がなされています。3年生の段階では15週間も企業研修を組み込んでいます。同様な教育は京都市立の鳴滝総合支援学校，東山総合支援学校でも行われています。通信制と同様に特別支援教育はカリキュラムの運用に自由度があります。それを最大限活用しているのです。

数多くの専門分野から自分で選択できる通信制

　やりたいことがまだ分からないけど全日制高等学校に行くより専門的なことを学びながら高等学校を卒業したいという生徒の希望を叶えてくれる学校です。こういった多くの選択肢をもつ広域通信制は多くあります。なぜ高等学校で多くの専門分野を選択できるのか。理由は専門学校と連携しているからです。高等学校に行きながら専門学校に行くという説明が分かりやすいかもしれません。学費の部分の負担は大きくなるかもしれませんが，高等学校卒業後にさらに専門学校に行くと思えば高等学校の間で両方できるメリットは大きいと思います。代表的な学校として「ヒューマンキャンパス高等学校」があります。ヒューマン専門学校と連携することで選べる分野は40種類以上あり，細かく分類していくと100程度の専門コースが準備されています。高等学校に行きながら専門学校に通い，社会に役に立つ専門的能力を身につけたいと考えている人に向いています。

ネット学習のコンテンツが多い通信制

　広域通信制の授業の多くがネットでの学習になります。そこで重要になっ

てくるのは，見る教材の量と質です。いくらでも巻き戻しができて，自分の
ペースで見ることができても面白くないコンテンツなら続きません。映像学
習の際の量と質が充実していることは，学ぶ側からするとかなり重要です。
「面白い教材で学んでいきたい」というニーズに応える学校の代表として
「NHK 学園高等学校」があります。日本初の広域通信制高等学校でもある
NHK 学園高等学校は，実際に放送されている NHK の番組を利用すること
ができます。他の広域通信制ではなかなか難しい多額の予算を使って教材を
作成することができます。有名人を起用したコンテンツが揃っているという
のも他の学校には真似できない特徴で，ネット学習をしていく際のモチベー
ション維持に役立ちます。

特定の分野に特化した通信制

　やりたいことが決まっていて，なおかつ最前線で学びたいという明確な意
思をもつ生徒に対応した通信制です。「やりたいことはハッキリしていて本
当は高校なんて行かなくてもいい」という強い気持ちがある生徒や，「子ど
もの気持ちは分かるけれど，高校の卒業資格は取ってほしい」という保護者
のニーズに応える学校です。代表的な学校として「代々木アニメーション学
院（高等部）」があります。広域通信制と連携し午前はアニメ，午後は通信
制の授業を受けるという形を取ることができます。アニメの世界は少しでも
早くからデビューした方が活躍できる可能性が高いと言われています。アニ
メ制作の最前線で活躍する人が在籍する代々木アニメーション学院の生徒と
ともに，実際にライバルとしてオーディションを受けながら学んでいきます。
高等学校に在籍中からデビューを目指していける環境です。全日制に通いな
がら時間をやりくりする環境と比較して，明らかに有利です。特定の分野に
飛び込みたい子どもにとって最短の道を選ぶことができます。

高等学校の部活動だけではなく，世界で活躍したい通信制

　高等学校の部活動で全国大会に出たい，高校生の中でトップになりたいというモチベーションだけではなく一般の人も含めた大会の中で早く活躍したいというニーズに応えるための通信制です。代表的な学校として「第一学院高等学校」があります。スポーツコースの中にあるサッカー部では毎日，専門のコーチのもとで練習し，一般の大会と高校サッカーでの活躍を目指しています。授業や通学に時間を拘束されることなく練習に専念することができます。また，専用の練習環境の準備が難しいスポーツを専門的に練習したいという生徒のために，スケートボード部，スノーボード部といった専門の部活があり，どちらもすぐに一般の大会で活躍して世界で活躍したいと願うアスリートの願いを実現してくれます。

大学進学を叶える通信制

　難関大学へ進学したい，希望大学に合格したい，高等学校の授業時間は最小でとにかく受験勉強をしたいという希望に応える通信制もあります。代表的な学校として「トライ式高等学院」があります。家庭教師のトライを母体とした通信制で，志望校合格に向けて個別に学習計画を立案します。授業は受験対策専門のプロ講師によるマンツーマンで徹底的に受験勉強をサポートしてくれます。過去のデータから的確に大学への道を切り開いてくれます。

とにかく行動したい通信制

　10代のうちにとにかくいろんな社会に出て行動したい，新しい高等学校の形をつくって自分たちのやりたいことを実現させ，さらに高等学校の卒業資格も取りたいという願いをもつ子どもの声に応えてくれる学校があります。代表的な学校として「ゼロ高等学院」や「Loohcs 高等学院」といった学校

があります。広域通信制と連携し高等学校の学びをしながら学校独自のカリキュラムで社会の中で学んでいきます。自分たちで目的をつくり達成するために自分たちでルールをつくり，行動していくという環境が整っています。何をやりたいかをハッキリ言えないけど，今までの高等学校とは違った学びの場で自分から学びたいと思っている子どもに向いている学校です。

　個人的にカテゴリ分けをして通信制高等学校や連携している学校を紹介しました。現在，通信制高等学校は250校以上，広域通信制高等学校は100校以上あります。広域通信制高等学校をサポートする施設は2000ヶ所以上あります。つまり広域通信制高等学校に関連する場所は全国に存在しているのです。広域通信制高等学校や連携する学校は様々な特徴をもっています。上記に挙げた学校はその中のほんの一例です。通学範囲内の学校から選択するのではなく自分で学校を選択してみて下さい。まとめてパンフレットを取り寄せるサイトも充実しています。興味がある分野から検索することも可能です。子どもが学ぶ環境を子どもに選ばせてあげて下さい。人は学ぶ生き物です。子どもを信じて任せてみて下さい。どんな通信制高等学校があるかを知りたいという方は，『通信制高校があるじゃん！』（学びリンク，https://www.stepup-school.net/）を参考にしてみて下さい。

＊27　もう少し詳細に知りたいという方は日野公三さんの『発達障害の子どもたちの進路と多様な可能性』（WAVE出版）を参考にして下さい。

第 **7** 章

広域通信制の課題

　新たなものが生まれるとき，その初期は玉石混淆の状態になるのです。時間がたてば，多くの人がトライアンドエラーの中で，自然とよいものが残るようになります。しかし，今の広域通信制高等学校は玉石混淆の状態の中にあります。

　本章では，実際にあった「お粗末」な広域通信制を紹介します。同時に，数ある広域通信制高等学校の中から教え子，我が子に合った学校を見分けるポイントを紹介します。

過去にあったトラブル

> 広域通信制高等学校と言ってもカリキュラムは多種多様です。そして玉石混淆です。過去においては，ずさんな教育によって廃校に追い込まれた学校もあります。しっかりと見極める必要があります。

　2015年に起きたウィッツ青山学園高等学校の就学支援金不正受給問題で広域通信制の名前を聞いた人もいるかもしれません。事件の概略だけ説明します。

　国から高校生の授業料補助として支払われる支援金を，高等学校が勝手に多くの人の名前を使い，高等学校に所属するように申請し，受け取っていたという事件です。事件に関連して授業内容も調べられた結果，バスの中で洋画を観るのが英語の授業などあまりにもずさんでした。ここで考えてもらいたいことがあります。「だから通信制高等学校は信用できない」というように問題を一般化してはいけないということです。あくまで一広域通信制が行ったことであり他の広域通信制に該当するわけではありません。もう一点，再三にわたって話しているようにこれからの時代は学歴だけで幸せは保障されません。つまり高等学校卒業の資格を取っただけでは意味がないのです。高等学校卒業が目的になっていては意味がないのです。高等学校で何を学んだかが大切になってくるのです。

　広域通信制ではたびたび，結局卒業できなかった，就職できなかったという問題が発生しています。実際に卒業する際の進路未定者の割合は全日制の約６％に対して37％と高いです。なぜなら全日制高等学校の教師は卒業後のことを最優先に考えて進路指導を行うからです。しかし就職に関して言えば

86

高卒後３年以内の離職率は４割近く，大卒３年以内の離職率は３割程度です。なぜ，４割近い離職率があるのにもかかわらず教師は卒業するまでに必ず就職させようとするのか。高等学校を卒業し，次の進路先に送り出すのが正解だと思い込んでいるからです。進路未決定は高等学校の責任を果たせていないように思い込んでいるからです。私自身もそうでした。多くの教師が卒業した生徒の数年後の働き先を把握していません。実際に卒業後にアルバイトをしている生徒を見かけ話しかけると，正規雇用で就職したが夏頃に辞めて今はここで働いていると聞きました。たった４ヶ月後のことすら把握できていませんでした。卒業後のことだから関係ないと割り切ってよいのでしょうか。私は，卒業するときにしっかりした進路先を決めることが高等学校の進路指導の役目だと思っていたことに原因があるのではないかと思っています。今は卒業時に進路未決定者がいてもよいと思っています。卒業までに進路を決めることが目的になってしまっては子どもの生涯の幸せは実現できません。社会では新卒一斉採用の形が少しずつ変化し中途採用も多くなってきています。海外の大学では高等学校卒業後すぐに進学ということが一般的ではありません。日本も将来をじっくり考えてから進路決定をするという選択があってもよいと思います。つまり広域通信制はこれからの高等学校教育の選択肢としてだけでなく，教育のあり方そのものを問いかけているものだということとです。

2.

広域通信制の見分け方

> 玉石混淆の広域通信制ですが，比較的見分けやすいポイントがあります。それは卒業率，進路先，学費等です。しかし本当に見分けるためには，時間と手間をかける必要があります。従って中学３年生のときに始めるのではなく，早ければ早いほどよいのです。

　広域通信制を選ぶ際の一つの目安として卒業率というものがあります。入学した生徒の何割が卒業したかを表す数字です。高ければ高いほど生徒が高等学校で充実して学べたと言える可能性が高いです。ただし通信制高等学校は転学してくる生徒や途中退学する生徒がいて入学当初から生徒数が大きく増減しますので，一概に卒業率が高いから安心というわけではありませんが，目安にはなると思います。

　また，進路先が目安になります。ただし，「中卒より高卒。高卒より大卒。同じ高卒・大卒ならば偏差値の高い方がよい」という囚われから逃れなければなりません。具体的な武器を得られない非ジョブ型大学・学部ばかり並んでいる学校は要注意です。むしろ個性的な企業に高卒で就職している学校に注目するべきでしょう。

　特別な支援の必要な子どもを対象とする広域通信制の場合，特に注意が必要です。特別授業と称して，追加の授業が多く，それに別料金が発生する学校もあります。校長先生から，ここを卒業しても直ちに就職するには難しいだろうから，と就労移行支援事業所を勧められ，さらにお金がかかる学校もあります。また，発達障がい特性を考慮せず，紙ベースの教材を置き換えただけの教材ばかりが用意されている学校もあります。

そもそも私立の広域通信制高等学校は公立高等学校に比べて学費が高額です。学費のみならず，「奨学金制度等があるか」も調べることが大事です。教育機会確保法の観点から言って，広域通信制高等学校に対する行政の補助があるべきだと私は思っています。

　パンフレットには各学校のよさが紹介されているので実際の評価と一致するかは難しいところもあります。お勧めは多くの通信制で行われている学校説明会に直接行くことです。ほとんどの広域通信制が個別の説明会を実施しています。ネットでの連絡ですぐに担当者から連絡が来ます。また，学校説明会を在校生が運営しているところもあるので在籍している生徒の雰囲気を知ることもできます。

　他には，学校によってスクーリングの日数が違うことやスクーリングの場所が限られていることもあるので，選択するときには注意が必要です。

　また他にも実際にあった事例として，広域通信制と連携していた専門のサッカースクールがパンフレットに掲載されていた情報と大きく異なっていたというニュースがありました。寮による食事管理がなされていなかったことや専門スタッフが十分ではないというトラブルがあり裁判に発展する事態になりました。残念ながら広域通信制という名を利用して人数集めや利益を得ようとしている学校がないというわけではありません。ただここで大切なことは，広域通信制に行けば安心だとか，連携している専門的なスクールで学べば大丈夫だということはないということです。広域通信制は子どもたちが選ぶことのできる選択肢を増やしました。選択肢が増えることは大切なことです。しかし，同時に「選択しなくてはならない」という今までとは違った困難が生まれることになります。与えられたものの中でより早く，より正確に答えを導けばよいという今までの常識とは違う，自らが選択していくことが必要になってきます。もちろん自分で選択したから実際の内容と違っても仕方ないというわけではありませんが，調べる方法や知る手段は日々，進歩しています。自分の選択肢を自分で決める意識が必要です。

　こう考えれば，中学３年生になって高等学校選びをするのでは時間が足り

ないのです。地方都市の場合，我が子にフィットする私立高等学校がない場合が少なくありません。その場合は，公立高等学校しか選択肢がありません。地方都市の場合，地域の中学生が全員受ける統一テストの成績によって，地域の中学校の教師が調整し，それに基づいて進路指導をします。だから倍率がほぼ1倍になっているのです。滑り止めのない地域で浪人生を出さないための中学校の配慮です。このような環境では学校選びを悩む必要はなかったと思います。しかし，そのような地域でも広域通信制を考慮するならば，選択の幅は一気に広がります。そして，その中は玉石混淆なのです。だから上記のようなことを調べる必要があります。一つの学校でも見極めるのは大変です。そもそも保護者が学んだ学校と根本的に違う学校が多数含まれています（だからよいのですが）。多くの広域通信制を選択するとしたら，数年はかかります。小学校段階から考えるべきです。いや，もしN中等部のような広域通信制を選ぶならば，小学校低学年から始めるべきだと思います。

第 8 章

今後の教育

　先に述べたように今の公教育に自己改革能力はありません。しかし，学校は変わります。変わらなければ日本が成り立ちません。では，どうしたら変わるのでしょうか？

　本書をお読みになっている皆さんのような方々が，新しい教育のよさを実感し，そのよさを口コミで周りの人に伝えることによって日本の学校は変わります。変化の時代は大変な時代です。しかし，その先には，我々が享受できなかった素晴らしい学校・社会が生まれ，その学校で子どもたちが学び，その社会で子どもたちが生きるのです。

今後の学校組織を中心とした変革

> 学校教育は巨大な組織です。それ故になかなか改革はできません。しか
> し，今後変わらないわけではありません。広域通信制高等学校のような
> 新たな選択肢を選ぶ子ども・保護者が増えてくれば，さらにそれを選択
> する人が増えてきます。選択者が一定の割合を超えたとき，一気に流れ
> が変わります。今，その時が近づいています。

　子どもも保護者も大多数は旧社会の人です。そのコードから逃れられませ
ん。それは通信制高等学校を選ぶ子どもも保護者も同じです。それ故に，通
信制高等学校も多くは旧社会のコードに支配されています。簡単に言えば，
全日制高等学校で生きづらさを感じている子どもに対して，できるだけ全日
制高等学校に近い教育を提供しようとしています。それはそれでよいと思い
ます。

　しかし，N高等学校などの一部の広域通信制高等学校は，通信制高等学校
の特例を最大限生かし，多様な子どものニーズに対応しようとしています。
素晴らしい可能性があります。ただし，私には不満が一つあります。ローカ
ルにおける人的ネットワークが多くの子どもの人生の幸せに関わっていると
いうことを意識している広域通信制がほとんどない点です。ここでは，今後
の時代の変化を私なりに妄想したいと思います。

　今の子どもではなく，今の子どもの弟，妹，そして，最大限遅くともその
子どもの時代の教育を考えるのです。

　今の教育に不満がある方だったら，今すぐに変わってほしいと願っている
はずです。しかし，残念ながら変わりません。小学校，中学校，高等学校の

教師の総数は約75万人です。日本最大の組織です。このような巨大な組織が変わるには時間がかかります。しかし，万古不易かと言えば違います。変わるのです。それも，ある段階から急激に変わります。

　例えば，インターネットも，スマートフォンも，最初はオタクのオモチャとせせら笑われていました。ところが，あるとき，右を見て左を見たら，みんなが使っているようになりました。そうなると，使っていない人がせせら笑われるようになりました。このような不連続な変化を普及理論のロジャーズが明らかにしています。

　簡単に説明しましょう。

　人が納得するのは理屈ではありません。科学的なデータでもありません。周りの人がそう思っており，そのように行動しているということなのです。例えば，見知らぬ町に行き，路上駐車をしなければならないとします。片側には車が多く，もう片側にはほとんど駐車されていません。さて，あなたはどちら側に駐車しますか？　多くの場合，駐車する場所を見つけるのが困難でも，駐車している車が多い側に駐車すると思います。

　人は常に判断を求められます。その度に，資料を集め，熟考していては生きていけません。だから，大抵の場合，多くの人がしていることを真似ることをします。これによって大抵の場合は正しい選択ができます。ただし，常にではありません。社会が大きく変わっているときは特にです。

　世の中には，周りの人が誰もその製品・サービスを使っていなくても，理屈に納得すれば採用する人がいます。イノベーターと呼ばれます。一般の人からは「新しもの好き」と呼ばれます。この人は2.5％います。大抵の新しいものは使い物になりません。だから，しょっちゅう買い替えます。そして，その人が採用した直後に周りの人に自慢しても，周りの人は「新しもの好きの〇〇さん」と聞き流します。

　次に，知人の中の数人のイノベーターがある程度使い込んで，それでもよいと使っていると，イノベーターの人に「それってどう使うの？　どこで買うの？」と聞く人がいます。アーリーアダプターと呼ばれる人たちで13.5％

います。この人が使い始めると，周りの人が「え？　あの人も使うの！」と興味をもちます。

　このまま順当に広がればよいのですが，そうはいきません。なぜなら，イノベーター及びアーリーアダプターのあわせて16％の人たちと，その他の84％の人たちには決定的な違いがあります。それは採用のリスクを取るか，取らないかという違いです。

　広域通信制を例に挙げましょう。

　通信制で学ぶ子どもは不登校の子どもでした。その多くは，全日制を退学したという消極的な理由で入学します。それ故，途中入学者が大部分を占めています。ところが，個性的な教育を武器にする広域通信制が生まれると，その入学案内を取り寄せ，それを読み，新入生として入学する子が生まれました。Ｎ高等学校の1期生の1年生がそれにあたるでしょう。入学した子ども，保護者は，どこにもないＮ高等学校を情報だけで選択したのです。イノベーターです。この人たちは大きなものを願い，そのためにリスクを理解した上で選択しました。

　広域通信制に入学する子どもが生まれ，実際の教育が始まります。その情報が流れてきます。少数ながら広域通信制を選択した子ども，保護者からの情報が直接流れるようになります。しかし，周りの子どもや保護者の圧倒的大多数は既存の学校に進学しています。その中で広域通信制を選ぶ子どもと保護者がいます。アーリーアダプターです。この人たちがどんどん広域通信制をリスク覚悟で選択します。それ故に，Ｎ高等学校はたった4年で生徒数1万人を突破したのです。

　ムーアのキャズム理論によれば，選択者が16％を超えて，アーリーマジョリティと呼ばれる34％の人たちが採用し始めると，パンデミックが起こります*28。

　現在の高校生の人数は約320万人です（学校基本調査 令和元年度速報値）。つまりキャズムの16％は約50万人です。Ｎ高等学校は4年間で生徒数を1万人に伸ばしました。その他の多様な広域通信制もどんどん生徒数を伸ばして

います。

　しかし，多くの子どもと保護者はリスクを取りません。それは空いている側に駐車しない人の心理と同じです。「みんなが広域通信制を選択しないのは何かがあるに違いない」と，その何かとは何なのかを考えずに判断します。

　キャズム理論によれば，16％の壁を打ち破るには，ありとあらゆる方面の不安に対する対応策の一群が必要です。ホールプロダクトと言われます。

　本書で紹介したN高等学校に関して言えば，保護者が気になることに対してありとあらゆる仕掛けを用意しています。そして，それは拡張し続けています。その姿は，スマートフォンに新しいアプリをどんどんインストールしているようなものです。

　さらに，広域通信制という広い視野に立てば，ニッチなニーズに対応する，様々な広域通信制があることは本書を通してご理解いただけたと思います。本書で紹介したのはごく一部です。そして，今後どんどん増えるでしょう。

　つまり，パンデミックの準備は十分に用意されています。

　是非，できるだけ多くの広域通信制のパンフレットを取り寄せお読み下さい。そして，説明会に参加して直接情報収集して下さい。そして，自問して下さい。

＊28　ジェフリー・ムーア『キャズム Ver. 2』翔泳社

学校組織を中心とした
教育変革の拡大化

Society 5.0で必要とされる教育の一つは，個別最適化した教育です。もう一つはローカルネットワークの構築です。残念ながら，広域通信制高等学校も多くの学校も，両者を併せ持った教育を実現できていません。しかし，16%の壁を越えたとき，多くの教師にもこのままではダメだと自覚できます。そのとき，個別最適化とローカルの融合を実現した教育が生き残ることになります。

　先に述べたように，キャズムの16%を超えれば一気にことが進みます。パンデミックがそう遠くない時期に来ることは自明です。

　では，そのとき，公教育は崩壊するのでしょうか？

　私はそう思いません。今の公教育は崩壊しますが，新たな公教育が生まれ，公教育はSociety 5.0での中核を占めると信じています。

　先に述べたように巨大組織は改良はできても，改革はできません。しかし，一度，組織の崩壊が自明になれば，改革に取り組みます。幸い，日本の行政マンは有能です。戦後の焼け野原からの復興に世界中が驚きました。また，バブル崩壊後の不良債権処理の速度は先進国の中でトップレベルです。要は，ステークホルダーである国民が改革を望むならば，行政マンはその能力を惜しみなく発揮します。

　では，広域通信制の私立学校にない，公教育の強みは何でしょうか？

　第一に，予算と施設です。これは私立学校を凌駕しています。廃校となった学校を活用すれば，コンビニがない地域でも全国津々浦々に施設があります。

第二に，地域社会があることです。ドラッカーは『非営利組織の経営』（ダイヤモンド社）において，学校のような非営利組織の成否はどれだけボランティアを獲得できるかにかかっていると述べています。

　第三に，小さい頃から遊んだ友達と直に学べることです。おそらく，これがもっとも大事な点だと私は思います。

　さて，これらを生かす公教育の姿は以下のようなものです。

　学習はネット上の教材を使います。その選択は子どもが行います。都道府県教育委員会がオンデマンドの教材を用意しますが，それを使わなくてもよいのです。例えば，YouTube動画の中から選び利用することができます。

　都道府県教育委員会は単元ごとのテストを用意し，子どもはネットを介して受験し，資格を取ります。それは子どもが受けたいと思うときに，受けるのです。得意な科目は，小学生でも中学校，高等学校レベルの試験を受験することができます。

　同時に，民間の資格，例えば英検のみならず，第二種電気工事士のような国家資格や，SPI3のような採用試験を受験します。在学中は，そのような資格習得は実質無料になるように都道府県教育委員会が補助します。

　このように一人ひとりが個別最適化した学習が可能なので，選抜試験をする必要がありません。また，学年別に分かれる必要もありません。薩摩藩にあった郷中のような異年齢の子どもたちの自治的な組織が自然発生的に生まれるでしょう（以降，郷中と呼びます）。その中で，どの動画を選べばよいか，どのような資格を取るべきかというアドバイスも得られます。郷中の子どもたちは，学校の自分の好きな教室を使って学ぶのです。

　アカデミックな方向に進みたい子どもはアカデミックで評価される資格を積み上げます。その資格に基づいて大学は選抜します。つまり，基本的に大学自体がペーパー試験をしないのです（アメリカのトップ校はこのような選抜を数百年前から行っています）。

　それ以外の大多数の子どもは，中学校以降は1週間の半分ぐらいは地元企業で働きます。いわゆるデュアルシステムを中学校から始めるのです。ただ

し，一人で職場に行くのではなく郷中で行くのです。逆に言えば，同じ職場に行く子ども同士が学校での郷中の単位となります（実は，上越教育大学教職大学院はこれを行っています）。

　先に白河総合支援学校でのデュアルシステムを紹介しましたが，全日制の学校でも取り組んでいる学校があります。例えば，都立の六郷工科高等学校のデュアルシステム科はその代表格でしょう。高校1年はインターンシップを経験します。高校2年，3年では1ヶ月の長期就業訓練を前期と後期でそれぞれ行っています。しかし，あわせても8週間です。白河総合支援学校の3年間で35週に比べると大幅に少ないのです。これは旧社会のコードである学習指導要領の縛りがあるからです。私は広域通信制で工業科を立てれば白河総合支援学校を超える期間の職業体験ができると思います。おそらく，現在もっともそれに近いのはN高等学校のプログラミング教育等だと思います。

　企業では子どものもっている資格，就業経験をもとに仕事を割り振ります。一人ひとりの子どものサポートは企業の社員もしますが，基本は郷中の先輩，つまりその企業での就業経験の長い先輩がサポートします。こうすれば，工業高等学校，農業高等学校で機器を揃える必要性はなくなります。企業にとっても，技術実習生として外国人労働者を雇わなくてよくなります。もちろん，その仕事に応じて，正規職員に準じた給与が支給されます。義務教育を終えているならば，企業が正規採用したいと考え，本人が望んだ場合は学校を退学し，就職することも可能です。

　先に述べたように，今の教育ではローカルエリートを潰しています。しかし，上記のような教育の中で，ローカルエリートが潰されず，多くの人がローカルエリートとつながりをもてます。そして，ローカルエリートは地元で起業したいと思ったとき，その社員候補を多数・多様にもてるのです。

　さて，このような教育における教師とはどのような教師でしょうか？　それは公立中学校の部活の顧問に近いでしょう。私立学校のように子どもを選抜できません。玉石混淆の子ども集団である郷中を健全な集団に維持・成長させる能力が必要なのです。

でも，公教育も安穏としていられません。上記とは別のシナリオもあり得ます。

　先に述べたように広域通信制はネットを武器にしているため，ローカルの価値をあまり理解していないように思います。しかし，ユーザーである子どもと保護者はそれを理解しています。もし，同じ学校の子どもの中で一定数の子どもが広域通信制を選択し，その子たち同士に人間関係があったらどのようなことが起こるでしょうか？　いや，最初に広域通信制を選択した子どもが，仲のよい友達に一緒に勉強しようと誘ったらどのようなことが起こるでしょうか？　これは地方都市の場合，市町村立小学校の子どもが国立大学附属中学校に進学するときには，希ではなく起こっていることです。附属小学校出身者が多い附属中学校に一人で進学するのは心細いため，仲のよい友達を誘うのです。

　日中は，友達の家に集まってわいわいと勉強するでしょう。スクーリングの際は連れだって教室に行くでしょう。その中に，弟，妹も加わってくるのです。先に述べた郷中が自然発生的に生まれるのです。そこで，共稼ぎの保護者が多い中，不在の家に多くの子どもがいることに関して不安をもつのが当然です。そんなとき，フリースクールがその受け皿になるかもしれません。いや，それを目当てにフリースクールが立ち上がるかもしれません。そのような受け皿があれば，より多くの保護者は広域通信制を選択しやすくなります。この流れがハッキリとすると，広域通信制の方もそのようなフリースクールと組織的に契約し，そのネットワークを宣伝に使うかもしれません。

　以上，全て「かもしれません」ですが，かなり蓋然性の高い予想だと思いませんか？

　多様性を武器にする広域通信制と，ローカルを武器に「すべき」（今は武器にしていない）公教育とのせめぎ合いがあると私は思います。さて，どちらが先に多様性とローカルの両方を使いこなすでしょうか？

教師の働き方

今後，今の学校を辞めて広域通信制に勤める教師が増えるでしょう。地元の公立学校ではなく，広域通信制を第一志望とする学生も増えるでしょう。しかし，その選択が正しい選択であるためには，今の教師とは違った仕事のイメージをもたなければなりません。

出口の見えない働き方改革

　残念ながら教師の働き方に関してブラックであることは広く知られるようになりました。そのことの解決を目指していると文部科学省は標榜していますが，実際は小学校英語必修化やプログラミング学習の導入など，さらなる仕事を積み上げています。さらに，ブラック勤務を合理化することもできる，年単位の変形労働時間制の導入が働き方改革の切り札として出されるほど完全に迷走しています。教師であれば，夏休みは官製研修，部活指導で忙しいことは自明ですよね。文部科学省は，そこに休みを取ることによって平常勤務を長くしても超過勤務にならないという年単位の変形労働時間制の導入をしたのです。その結果，教員養成系大学・学部に進学希望の高校生は減少しました。さらに，教員養成系大学・学部に入学した学生の中で，積極的に教師にならないことを選ぶ学生が増加しています。

　それでも教師という職業に就きたい学生，また，ブラック勤務によって家庭生活を守れないと思っている教師の中で広域通信制高等学校の教師を目指す人は増加しています。幸い，現在，広域通信制高等学校は急激に拡大しており，受け皿となっています。本書の読者の中にも，そのような方もおられ

るでしょう。それ故，応募の前に考えておくべきことをここに書きます。

　一言に広域通信制高等学校と申しましても実態は様々です。全日制とほぼ同じ学校もあります。そうなれば勤務形態も全日制と似たものになります。一方，通信制の比重が高い学校の場合，公立学校で常態化しているブラック勤務は大幅に軽減されるでしょう。ただし，働き方が根本的に違います。

N高等学校，N中等部の職員

　N高等学校，N中等部の職員は大きくは３つに分かれます。

　第一は，いわゆる教師職です。ネットコースと通学コースでは違いがありますが，両方とも担任教師として働いています。高等学校卒業資格を得るための業務は教員免許保持者が担当します。ネットコースの教師職は100％教員免許保持者です。通学コースの教師職も教員免許保持者の割合が高いです。

　第二は，バックオフィス職で，いわゆる事務職や教材開発を担当します。

　第三は，ティーチングアシスタントや教員補助職です。教師職の補助をします。

　全員が学校法人角川ドワンゴ学園に採用され，N高等学校，N中等部，バックオフィスに配属されます。

　まず，ネットコースの教師職（教員免許必要）の働き方をスケッチしましょう。

　生徒数が増え続けるN高等学校ですが，生徒一人に対して担任が一人つくという制度が導入されています。担任ごとにクラスもあり毎日ホームルームが行われています。もちろんホームルームへの参加は任意で，Slack上で行われる会話に参加することができます。学習の進捗状況にあわせて電話連絡やスクーリングの面談などを行い，生徒の学習に対するモチベーションを向上させています。なぜ，１万人以上の生徒がいる学校で担任が一人ひとりのケアをすることが可能なのでしょうか？　大きな理由として，情報技術を効果的に学びの本質に近づくように使用できているということが挙げられます。

N高等学校の教師の仕事のメインは残念ながら授業ではありません。生徒たちの違いを認識し，それぞれの生徒の学習を補助したりモチベーションを維持したりしていくことが仕事なのです。N高等学校で教師に求められる力は今までの学校で求められていた授業力とは大きく異なるのです。

　N高等学校の教師の採用体系は，私立高等学校で多く見られるような，まずは数年間，講師として採用してから正採用という流れを取っていません。1年目から正採用として働きます。新規採用された公立の教師と，給料体系や社会保険や福利厚生面でほとんど変わりがありません。

　N高等学校の採用要項に書かれている，求めるスキル・経験で教員免許をもっていることの次にくるのは「明るく，高い対人コミュニケーション能力をおもちの方」「新しい教育に挑戦する姿勢をおもちの方」となっています。

　教科の指導力や経験ではなく，個々の生徒と向き合い新しい教育に挑戦したいと思う人材を求めています。新採用で年収が336万円から352万円です。

　また，中途採用も積極的に募集しています。求められるスキルは新採用とは少し異なりますが，新しい教育を一緒につくる情熱が求められています。年収は400万円から600万円と年齢によって差があります。

　今，現在の給料と比較することも大切ですが，今新しい教育をつくりたいと考えている方にとって間違いなく魅力的なN高等学校の取り組みに先生方がどのように反応していくのか。今までの高等学校がどのように対抗していくのかは注目していきたいです。

〔例〕N高等学校（ネットコース）の先生の1日のスケジュール
　9:00　　出勤（職員室に全員が集まる職員朝会などはありません）
　9:30　　レポート採点（担当教科のレポート確認）
10:00　　担任業務（Slack やメールでの質問対応）
11:00　　担任連絡（レポート提出状況確認，レポート提出催促連絡，保護者電話対応）
12:00　　ランチ

13:00　スクーリング準備（通学してきた生徒との面談）

15:00　担任連絡（レポート提出状況確認，レポート提出催促連絡，保護
　　　　者電話対応）

17:30　Slack HR（クラスの生徒との交流，情報交換）

19:00　退勤

　一方，スクーリング教員（非常勤・教員免許必要）で採用された場合，生
徒のレポート採点ばかりやらされているという印象をもつでしょう。

　いずれにせよ，N高等学校の教師は授業が仕事ではないのです。

授業が広域通信制高等学校での教師の仕事の中心でない理由

　授業をやりたいがために教師になった人は多いでしょう。いや，全員と言
っても過言ではないと思います。しかし，諦めて下さい。あなたの授業より
用意された教材の方がはるかに分かりやすい授業を実現できます。理由は以
下の通りです。

　第一に，その子に合った授業を選ぶことができます。クラスには成績上位
から下位の子どももいます。小中高のどの教科の教師も成績中もしくは中の
下に合わせた授業をしています。結果として，上位層には退屈で，下位層に
は意味不明の授業になるのです。学力の多様性がある限り，あなたがどんな
に努力しても乗り越えられません。

　第二に，用意された教材はチームで作成されています。そしてプレゼン能
力の高いスタッフが話しているのです。

　第三に，MacBook等で視聴する教材の場合は，分からないことがあれば
ストップして巻き戻して何度でも聞き直すことができます。分からないこと
をネットで検索して調べることができます。これもあなたの授業では不可能
でしょう。子どもが別々の場面で「先生，分からないからもう一度説明し
て」と言ったら，授業が成立しないのは自明だと思います。

従って，もし，あなたが現在の一斉指導型の授業，即ち，あなたが中心となって授業を進めることを希望して教師になった人だったらN高等学校は薦められません。授業（スクーリング）の数は法の定めを基本としています。例えば，3単位の数学Ⅰは年間3回です。もちろん，それ以上の時間をかけて学びますが，それは公立の通信制高等学校の生徒が自宅でレポートを書いたり自習をしたりするのと同じです。それを学校で行っているのです。当然ですが，一人ひとりの子どもが個別最適化した学習を実現できます。

広域通信制にフィットする教師

では，どのような教師がN高等学校のような広域通信制高等学校にフィットするでしょうか？　それは生徒のやる気を高めるファシリテーション能力が高い教師です。

では，あなたのファシリテーション能力は高いですか？　おそらく，あなたによってやる気を高められる生徒はいるでしょう。しかし，そうでない生徒もいます。そして，あなたの悩みの8割は，あなたによってやる気を高められない2割の生徒に由来しています。教師のあなたの仕事に必要なのは，その2割を含めた10割のやる気を高められる能力なのです。身近な例で言えば，中学校の部活動指導で実績を上げられる教師です。高等学校と違って，特別に能力のある子どもを集めることはできません。子ども集団の能力にはそれほどの差はありません。その中で勝てるチームを創るには，集団を育てなければなりません。その能力が必要なのです。

ご安心下さい。「誰でも10割の生徒のやる気を高められる」と言い切りたいですがそれは無理です。しかし，「今のあなたがやる気を高められる生徒を大幅に増やすことができる」と断言する方法があります。ポイントは，あなたが動かせない2割の生徒にやる気をもたせるのではなく，あなたがやる気を高められる2割の生徒が6割の中間層の生徒のやる気を高め，あわせて8割の生徒があなたには心を動かせない生徒の心を動かすのです。それが

『学び合い』（二重括弧の学び合い）です。興味のある方は書籍をご覧下さい*29。おそらく，現在の多くの学校，そして広域通信制高等学校も理解していない，個別最適化とローカルを融合できる唯一の実践論であり理論だと思っています。

　さて，Ｎ高等学校が急激に拡大し，興味をもつ方も増えています。私の身近にも実際に応募した人が生まれつつあります。

　一つ注意が必要です。先に述べたようにＮ高等学校の免許のある教師の年収は400万円から600万円です。これは若い教師には魅力的ですが，中高年には魅力的ではありません。どうしたらよいのでしょうか？　２つあります。一つは，ファシリテーション能力を高め，多くの子どもたちから支持される教師になることです。もう一つは，様々な資格を取得し，新規事業を立ち上げその管理職になることです。いずれにせよ，10年前の教案を使い続けている教師は生き残れません*30。自らの商品価値を高め続ける意志が必要です。

　しかし，そのような中堅教師が広域通信制に流れたらどうなるでしょうか？　途中採用者が増えれば，現在でも危機的な状態である公立学校の教師不足が深刻化します。比較的問題の少なかった中学校・高等学校の５教科でも深刻な事態が生じる可能性があります。

今後生まれる広域通信制と働き方改革

　現在の広域通信制はコンテンツを中心にして差別化を図っています。ニッチなニーズに応える学校，そして，多様なニッチに応える総合的な学校です。しかし，私は別な方向での多様性が生まれるのではないかと思います。それは「人」で差別化する学校です。

　私は上越教育大学の教職大学院に所属しています。教職大学院のカリキュラムは厳密に規定されているので，基本的にはカリキュラムで差別化することはできません。その中で私の所属しているコースは他に比べて異常に多い人数の学生を集めています。我々のコースは「人」で差別化をしています。

多くの教職大学院では，学術は研究者教員が教え，実践は学校現場の経験がある実務家教員が教えます。学生は学術と実践を融合するのです。しかし，これは難しく，おそらく多くの場合は不可能です。その証拠に，学術論文などの学術業績と，教師用実践図書などの実践業績を併せもつ大学教員はほとんどいません。しかし，我々のコースのスタッフは，その両者の業績をもつ人で固めているのです。そして，我々の教育を学術論文，実践図書，SNS等で積極的に発信しています。それらの成果が集客力の高さに表れているのです。

　学生のニーズに応えられる人材であり，その実績を様々な媒体を通して発信できる人材を集めることができれば集客力は高まります。さらに，自ずと質の高いコンテンツが生まれます。

　しかし，学生のニーズに応えられる人材であり，その実績を様々な媒体を通して発信できる人材は多くはありません。そのような人を引きつけるような労働条件を提供しなければならないでしょう。

　横並びではなく，成果に応じた給与体系が必要です。具体的には生徒が教師を選びます。選ばれた人数と，それにともなう指導時間に基づく給与です。

　テレワークを積極的に活用します。生徒との合意がなされるならば，時間は自由に組み替えることを認めます。

　また，出版，講演などの副業を積極的に認めます。むしろ，そのような副業を情報発信と考え，補助，支援をします。コンテンツを作成したならば，それを学校に有料で売却するか，アクセス数に基づく料金をもらうことも可能です。

　そして定年はありません。実績を上げられる教師は70歳でも，80歳でも現役で活躍できます。

　以上を成り立たせるためには，年功序列の給与体系は廃止します。一定の成果が上げられない場合は解雇されるのです。簡単に言えば，吉本興業の芸人のような位置づけになります。もちろん，全ての教師が上記のような働き方をするわけではありません。吉本興業の社員の多くは芸人でないのと同じ

です。しかし，上記のような働き方を選択した教師によって，学校は差別化し，経営を成り立たせるのです。

　上記は極端だと思われるかもしれません。しかし，年功序列や終身雇用がない国（即ち，日本以外の国）での雇用関係は上記に近いものがあります。特に，GAFAなどのトップ企業での働き方は，上記を超えるものがあります。

　さて，教師の皆さんはこれからどのように選択しますか？

　今後は多種多様な学校が生まれ，多種多様な働き方が提供されるでしょう。もし，上記のような働き方を願うならば，自分自身の武器を磨く必要があります。それだけではなく，多様な情報発信をして，自分の商品価値を高める必要があります。

　一つアドバイスします。みんなが気づいている価値で勝負するならば競争相手は多く，多くの場合，あなたの商品価値は高まらないでしょう。ニッチで勝負するべきです。

＊29　『クラスがうまくいく！『学び合い』ステップアップ』（学陽書房），『週イチでできる！アクティブ・ラーニングの始め方』（東洋館），『『学び合い』を成功させる教師の言葉かけ』（東洋館），『簡単で確実に伸びる学力向上テクニック入門』（明治図書），『みんなで取り組む『学び合い』入門』（明治図書），『今すぐ出来る！全校『学び合い』で実現するカリキュラム・マネジメント』（明治図書）をご覧下さい。アマゾンで「西川純」で検索するとありとあらゆる本が用意されています。

＊30　本を書くとき，出版社の方からは採用5年目以内の先生を想定して書いて下さいと言われます。理由は，5年以上たつとそこそこの授業ができるようになるので，積極的に学ぼうとせず，本を読まないからだそうです。そのような教師も生き残れません。

4.

これからの授業

様々な子ども

　子ども・保護者が現在の学校を捨てて，広域通信制学校を選択するというシナリオを描きました。実はもう一つのシナリオもあります。ある意味，こちらの方がお読みになっている方にはリアルだと思います。

　教室には様々な子どもがいます。将来は東京大学に進学するのではないかと思われる子どもがいる一方，知的な障がいが強く疑われる子どもがいます。それらは大きく分けて３つに分類することができます。

　第一は，教師が教えようとしていることは，塾・予備校・通信教材で既に学習済みの子どもです。この子どもはかなりいます。塾・予備校が発達している都市部はもちろん，通信教材の広がりによって地方でもかなりの割合を占めています。

　第二は，既習ではないが，適切な参考書，問題集があれば自習できる子どもです。高校入試，大学入試を思い出して下さい。自分に合った参考書，問題集で勉強することがもっとも効率がよかったと思います。そして，３年の２学期以降は学校の授業が無駄だったと思いませんか？　もちろん分からないことはあるでしょう。しかし，それは「第一」の子どもが教えられる程度ではなかったですか？

　第三は，一定以上のサポートが必要な子どもです。この子どもの場合，参考書，問題集のような文字情報だけで理解することに困難を感じます。対話が必要なのです。それも膨大な対話の積み上げが必要なのです。ところが，一人の教師ではそのようなことはできません。第一の子ども，第二の子どものサポートがあれば膨大な対話の積み上げが可能になります。

正しい医療

　このように書けば，どの子どもにとっても教師は教え手として最適ではなく，自習を中心とした協働的な学習の方が優れているのは自明です。

　しかし，なかなか信じられないのも当然です。例えば，医療を例に挙げて協働的な学習に疑問を投げかける意見があります。その多くは，「患者がいくら集まっても病気を治せない」というような論です。一見，正しい論のように思えます。しかし，違います。

　現状認識が違うのでしょう。まず，どの教科でも，どの学校段階のどの学年でも，大抵は，授業はクラスの成績中位（正確に言えば中の下）に合わせています。でしょう？　もちろん，指導主事訪問や研修会のようなときは「華」が必要なので上位層に合わせるかもしれませんが，圧倒的大多数の授業は成績中位層に合わせているはずです。

　先に述べたように，日本は塾・予備校・通信教材が発達しています。保護者も高学歴化して，教員免許状をもっている人もいます。従って，授業でやっている程度のことは分かっている子どもは既に2割以上はいます。そしてかなりの子どもは教科書を読めば理解できるようになっているのです。

　つまり私から見て今の学校を医療に置き換えると以下の通りです。

　世の中には，開業医（既習の子ども）も薬局（参考書，問題集）も今の日本並みにあります。しかし，現状では風邪の診察も大学病院（教師）で受けなければならず，それ以外で診察してはいけないのです。そして大学病院でOKしたとき，開業医や薬局を利用できるのです。大学病院は全員を診察することはできません。そのため，比較的多くの人（成績中位もしくは中の下）に有効だと思われる薬を一律に処方します。

　一方，協働的な医療では軽症の切り傷は市販薬で対応します。風邪レベルは開業医で対応します。そして，開業医では対応できないものは大学病院で対応しますが，そのようなことはほとんど起こりません。開業医は問診を十分に行い，その人に合った薬を処方します。そして，診察を受けた人が風邪

レベルか，大学病院レベルかを判断します。大学病院では開業医とネットワークでつながっています。そして，問題があったときは開業医にアドバイスします。

　つまり，「医者が患者に『治しなさい，さあどうぞ』では治るわけがない」の人との違いは，実は子どもたちの中に開業医レベルの医者がいること，市販薬は豊富にあることを認識しているか否かなのです。また，全ての患者が大学病院だけに集中すれば，一人ひとりへの対応はできず，結局，問診なしで比較的多くの人に有効だと思われる薬を一律に処方しているという現状を認識しているか否かなのです。

ホモサピエンス*31

　色々申しましたが，「しかし」という気持ちがあるのが普通です。「だったら，今の授業はなんで生まれたの？」と思うでしょう。何らかの理由があるはずです。そうです，今の授業が生まれたのには理由があります。

　意外かもしれませんが，人類の歴史の中で一斉指導が制度化したのは，近代学校制度が成立した200年弱だけです。それ以外の数百万年は『学び合い』で人類は過ごしていました。人類の歴史の中で一斉指導が成立したのも必然性がありました。そしてそれが廃れていくのにも必然性があると考えています。

　当たり前のことですが，猿人や原始人の時代に，黒板を使って一斉指導をしたわけがないことは自明です。では，我々の先祖はどのようにして学習していたのでしょうか？

　ほ乳類一般は，本能の他に学習によって生きるすべを獲得しています。猿人の時代から，人類は学習に依存する割合の高い生物です。その学習は組織的なものではなく，血縁者を中心とした小さいコミュニティの中で，仕事に参加する中で学んでいました。それらは中世では徒弟制度*32と言われました。

ところが近世になるに従って身分制度が崩壊します。それによって農夫の子は農夫になるとは限らず，商人の子は商人になるとは限りません。米を作る農夫になるための知識・技能，織物商人になるための知識・技能は限られています。それは徒弟制度で伝えられていました。しかし，あらゆる職業に就くための大人を育てるには，あらゆる職業に必要となる知識・技能を教え，学ばなければなりません。そして，それらの共通の知識・技能を抽出すれば，個々の具体的な仕事・作業から離れていきます。その結果として成立したのは，職場とは別個の組織的な学習の場である学校です。

　当時の本は高価でした。コピー機もありません。学校で教える知識・技能をもっている人は，高学歴の一部の人だけです。つまり，教師からしか知識・技能を得ることはできません。一人の教師を雇うには予算がかかります。義務教育制度を維持することと，予算との兼ね合いがあります。一人の教師が数十人の子どもを教えるとしたら，一斉指導しか方法がなかったのです。

　板書というのも，書籍が高かったことからの便法なのです。かつて緒方洪庵の適々斎塾では，一冊の辞書である『ズーフ・ハルマ』を「ズーフ部屋」と言われる部屋で3，4人が写して利用していました。当時は，それしか方法がありませんでした。しかし，数十人の子どもに一斉に授業する形態では，そのような写本はできません。そのため，教師がそれを持ち，板書します。子どもはそれを手で写すのです。簡単に言えば，写経，写本のようなものです。板書は高邁な教育理論や理念によって成立した教育法ではなく，一人の教師が多数の子どもを教えるという一斉指導は当時の必然でした。現在，板書に語られる意義は，成立の経緯を忘れた人の後づけの理屈だと思います。

　つまり，教師の発問や板書が中心となる現在の授業は，明治当初の異常な状態に対応するための，異常な教育なのです。それは人類の数百万年を超える歴史の中で200年弱しかなかったものです。

　我々の『学び合い』は，言語という高度のコミュニケーション手段をもった群れる生物が，数百万年の生存競争の中で洗練したものです。

時代の変化

　ところが時代は変わりました。少子化によって保護者はお金をかけるように
なり，都市部では塾・予備校などの学校以外の教育施設が一般化しました。
しかし，これは都市部に限ったことではありません。本は安価になりました。
通信教材も充実し，地方でも高度な教育を受けることが可能になり，事実，
利用者は少なくありません。高等教育が一般化し，高等学校教育・大学教育
を受ける人が多くなりました。結果として，学校で学ぶ知識・技能をもって
いる人は教師ばかりではなく，多くの保護者がもつようになり，通信教材を
学ぶ我が子の横に座って教えることができる家庭が増えました。テレビ・イ
ンターネットは，学校教育では考えられない予算をかけた教材や，多種多様
な教材を無料で与えてくれます。さらに言えば，日本の学習指導要領は全国
民が学ぶべきことを規定しているものですので，極端に難しいことは求めて
いません。そして，日本の教科書は，その学習指導要領に準拠しています。
日本の教科書は優秀ですし，副読本・参考書は多様です。従って，それらを
利用すれば，自力で理解することができる子どもがいると考えています。そ
の結果として，学校で学ぶ知識・技能をもっている「子ども」，また，自力
で解決できる「子ども」が出現するようになりました。『学び合い』はその
ような「子ども」の存在を前提にしています。今から50年前には『学び合
い』は不可能（もしくは困難）だったと思います。そして，現在においても
発展途上国では困難だと思います。しかし，現在の我が国においては『学び
合い』は必然となります。

民主化

　正確に言えば，『学び合い』を受け入れられる環境は1980年代，1990年代
頃からは可能になっていたと思います。現在ほどではありませんが，塾・予
備校に行く子どもはかなりいました。テレビでも良質な情報を流していまし

た。また，良質な参考書は本屋にあふれていました。大卒の保護者も多くなりました。では，なぜ，1980年代，1990年代ではないのでしょうか？

　おそらく，保護者の変化が大きいと思います。私の時代の保護者は戦前の教育を受けた人や，戦前の影響が色濃く残った教育で育った人たちです。それ故，教師が子どもを殴ったとしても「愛の鞭」と考える人たちでした。よほどのことがなければ，学校に怒鳴り込むということはありません。ところが，今の保護者はどうでしょうか？　戦後教育で育てられた人に育てられた人たちです。自分の子どもの学力保障がなされていないとクレームを言います。自分の子どもが安心できる環境を保障しないとクレームを言います。それが行きすぎた人をモンスターペアレントと呼ぶ場合がありますが，親としての心情としては理解できます。そして，問題があれば納得するまで教師・学校に問い合わせ，求める親は多くなっています。

　従来型の授業では，1，2割の子どもは必ず，かなり厳しい状態におかれています。昔はクレームがほとんどなく気にせずにいたのが，今はクレームを言われるようになったのです。行政もそれに対応して，クレームを言われないような自己防衛をし始めます。具体的には，「やっています」と証明するためのマニュアルや報告書を作成します。結果として，教師は書類作成に追われ疲弊します。そうなれば，保護者からのクレームに対応できる心の余裕がなくなっても仕方がありません。

年齢構成の崩壊

　それに追い打ちをかけたのは，学校の教師教育に対する教育力の低下です。十数年前から，少子化の対策として急激に採用を減らしました。ところが最近になって，少人数対策と大量退職に対応するため急激に採用を増やしています。結果として，教職員の年齢分布はフタコブラクダのような分布になっています。

　さらに，交通の便利な学校の場合は，教師が異動したがらず，結果として

ベテランが多い学校になります。不便なところは新規採用者で補充するため，若手が多い学校になります。結果としてヒトコブラクダのような年齢バランスになります。

　年齢分布がフタコブラクダのような職場では，ベテランが若手を教えることになります。しかし，教え込むという形になり，若手にとっては抑圧されたという印象をもちます。結果として，煙たがります。一生懸命に教えたのに煙たがられたベテランは「今の若い奴らは」となります。年齢分布がヒトコブラクダのような職場では，最初は仲がよいのですが，似たような者同士の「突っ張り合い」が起こり，問題が起こると，人格否定まで進む危険性があります。結果として，相互不可侵で落ち着きます。

　私が教師だった20年以上前には，職員室の横にはお茶飲み場があり，色々な話ができる場所があったと思います。私の職場だった高等学校では，新任教師である私を飲みに連れて行って奢ってくれた先輩教師がたくさんいました。今はどうでしょうか？　ベテランの先生は「今の若い奴らは付き合いが悪い」と愚痴を言います。でもしょうがありません，飲みに行ってもつまらないのですから，付き合わないのです。私は週に1回以上は先輩と飲みに行きました。理由は楽しいからです。しかし，それは個々人の問題ではなく，年齢バランスと選択の幅の問題なのです。

　現在，指導能力不足教員として認定された人は，新任ではなく40代後半以降の教師です。つまり，20年以上教師をしていた人たちです。20年使えた自分の指導が使えなくなり，改善できずに潰れていってしまったのです。使えた指導が使えなくなるのは当然です。子どもが変わり，保護者が変わっているからです。しかし，それ以上に変わっているのは自分なのですが，自分の年齢は自分では分からないものです。40代になっても，頭の中は20代のままということは普通です（私もそうでした）。子どもの前に立ったとき，子どもが教師に期待することは20代前半の教師と40代の教師とでは異なります。ところが，自分の年齢が分からないため，その切り替えができなくなります。

　しかし，若い教師と付き合えば自分の年齢が分かります。人間は関係の生

物です。若い教師と付き合うことによって，中堅の振る舞いをするようになり，ベテランの振る舞いをするようになります。そして，若い教師に教えている中で，自分が学んでいくのです。ところが，そのようなことができないと，昔のままの指導を続けることになり，結果として指導力不足になってしまいます。今の学校には，採用以来，ずっと最若年であるという30代後半の教師はかなりいます。彼らは，学校において常に若手であり，中堅としての立ち位置に立ったことがないのです。

　以上のような結果，自分に限界を感じている教師が増えました。

新たなツール

　さらなる追い打ちをかけたのは新たなツールの誕生です。今，ネットを検索すれば良質な授業動画が無料で提供されています。例えば，「WEB玉塾」（https://www.webtamajuku.com/）があります。また，「トライイット」（https://www.try-it.jp/）ではプリント等も用意されています。さらに，現職教師，退職教師，学生がYouTubeに自らの授業動画をアップしています。授業動画の多様性が生まれたとき，先に述べたように普通の教師は太刀打ちすることができません。内容以前に，動画をストップして再度聞き直すことができるという一点であっても動画の方がかなり優位です。

　私は以下のようなことが今後起こると考えています。場所は校長室です。そこには校長，担任教師（田中教諭），そしてPTA役員である弁護士（A）と医者（B）の保護者がいます。

保護者A：校長先生，田中先生，いつもお世話になっております。うちの息子は田中先生が大好きだと聞いています。ありがとうございます。

校　　長：こちらこそいつもお世話になっています。で，ご用件は何でしょうか？

保護者A：お忙しい中，お時間をいただいてありがとうございます。ご相談

したいのは，教室での勉強の仕方についてです。

田中教諭：具体的にはどのようなことでしょうか？

保護者Ｂ：クラスには色々な子どもがいることは承知しております。田中先生はその子どもたち全員を教えなければなりません。そのため，より多くの子ども，つまり成績が中ぐらいの子どもに合わせた授業をされていますよね？

田中教諭：はい。そうしないと多くの子どもが分からなくなってしまいますから。

保護者Ｂ：そのことは了解しています。当然のことです。しかし，娘にはそのレベルが合っていないのです。

保護者Ａ：Ｂさんのお嬢さんや私の息子は来年○○校を受験する予定です。今のレベルでは合格が難しいのです。私立の○○校はしっかりとした受験対策をしていると聞いています。

保護者Ｂ：そこでお願いなのは，授業中，タブレットを使ってネット上の授業動画で勉強させたいのです。もちろん，機器はこちらで用意します。イヤホンで視聴するので周りの子どもに迷惑をかけません。いかがでしょうか？

校　　長：しかし，学校は受験対策をするところではありません。子ども同士が学び合い高め合う場です。それはタブレットでは学べません。

保護者Ａ：お言葉を返しますが，この前の授業参観のときに田中先生の授業を参観しましたが，授業中のほとんどは田中先生の説明と板書を写すことに費やしていました。何人かの子どもは田中先生と一言二言の会話がありましたが，その他の子どもは関わりがありません。あれだったら，タブレットで勉強するのと違いがないと思います。

校　　長：しかし，教室でタブレットを使って勉強すると言われても……*33。

保護者Ｂ：校長先生。我々の子どもたちの可能性を潰してもいいと言われるのですか？

このような会話が積み上げられます。ネット動画のツールが生まれた現在において，ネット動画に比べて今の授業の分が悪いのは当然です。さて，例外的に認めた場合，その後に何が起こるでしょうか？

　子どもたちが家に帰ってから保護者に「勉強のできる子はタブレットで勉強している。見せてもらったら面白そう。私もタブレットで勉強したい」と言ったらどうなりますか？　もう，断れないですよね。そうなったらタブレットを買い与えられる保護者の子どもはタブレットで学ぶようになるでしょう。

　結果，クラスのかなりの割合は教師の授業と関係なく，個別最適化した学習をしているのです。おそらく，今までの授業で頼りにしていた子どもたちはタブレット学習に移行します。残った子どもを教師が教えるのです。

コードの違い

　政府は GIGA（Global and Innovation Gateway for All）スクール構想を推進しています。そのため，ハード面では「1人1台端末の実現」「高速大容量の通信ネットワークの構築」を実現します。ソフト面でも「デジタルコンテンツの活用の促進」「ICT を効果的に活用した学習活動の例示」を実現します。

　しかし，私はこれに関して「全く」期待していません。強いて言えば，ハード面の「1人1台端末の実現」「高速大容量の通信ネットワークの構築」は実現できるでしょう。しかし，ソフト面での「デジタルコンテンツの活用の促進」「ICT を効果的に活用した学習活動の例示」は進まないでしょう。なぜなら，前者の場合は予算さえつけば実現できますが，後者の場合は現場教師のマインドセットが旧社会のコードに支配されている限り進まないからです。

　あれだけ華々しく打ち上げられたアクティブ・ラーニングや高大接続プランが見事に骨抜きにされた最近の事例を挙げれば，根拠としては十分だと思

います。ではどうなるでしょうか？

　多くの教師にとって，トーク＆チョークの今まで通りの授業が「楽」なのです。わざわざ今まで使っていなかったコンピュータを使って教えるのは手間がかかるのです。それに子どもがコンピュータを自由に使って勉強したら，「規格化」「同時化」「中央集権化」という旧社会のコードから外れるので嫌がります。結局，1人1台のコンピュータは，かつて全国の学校に導入された電子黒板と同じ運命を辿ることになるでしょう。そして5年もたてば，1千万台の小型家電リサイクルの問題が表面化するでしょう。

　もちろん，一部の研究校では一生懸命に使うでしょう。そこには使いこなせる教師を集中します。しかし，利用方法は旧社会のコードに支配されています。子どもが自由にコンテンツを選ぶことはできずに，学校・教師が定めたコンテンツで学ばせます（規格化）。コンピュータをいつ使ってよいかは一律（同時化）に教師が決めます。そして，全ての活動は教師にモニターされ制御されます（中央集権化）*34。

『学び合い』だったら

　『学び合い』だったらどのような授業になるでしょうか？

　学習指導要領に従って，各学年で学ぶべき内容を定めます。それを学期単位で子どもたちに提示します。子どもたちはその課題を自分にとって最適な方法で学びます。さて，子どもたちは何を使って勉強するでしょうか？

　以前，タブレットを子どもの人数分用意し，ネット利用を含めてどのように使ってもよいという状態で自由に学ばせました*35。その結果，子どもたちの人数分のタブレットがあるにもかかわらず，人数の半分以下の台数しか使いません。使っている子どもも，常に使っているわけではありませんでした。なぜでしょう？

　このような状態における子どもにとって最高のツールとは何だと思いますか？　タブレットではないのです。タブレットを使いこなしている仲間なの

です。そのような子が縦横無尽に情報を収集し，それを解釈し，自分にとって分かりやすい説明をしてくれるのです。現在最高の AI でもできないことができるのです。

　しかし，そもそもやる気のない子はどうしているのでしょうか？

　周りの子どもが声がけをして一緒に学ぶのです。やる気のない子にとって，数学や国語に興味をもてなくても，仲間とそれを話せば楽しくなるのです。

　以上の理由から，１人１台で使用している子どもは希です。多くは２人〜５人で協働して使っています。

　では，周りの子どもはなぜ，やる気のない子どもに声がけして，学びの輪の中に入れようとするのでしょうか？　理由は，本書で紹介したような今後の社会と，その中で生き残るには何が必要かを理解しているからです。即ち，多様で多数の知人をもっていることが，これからの社会で生き残るために必要だからです。

　なぜ，それを理解しているかと言えば，教師がそれを理解し，それを語っているからです。多くの子どもにとっては抽象度が高く難解かもしれません。しかし，それでよいのです。全ての子どもが理解しなくてもよい。集団をリードする子どもが理解し，周りの子どもを巻き込めばよいのです。多くの子どもにとっては今後の社会のことは難解かもしれません。しかし，「あの子の言うことは正しいし，それを真似したら得だ」ということは理解できます。『学び合い』には様々なテクニックがありますが，その上位にあるのは考え方です。それは「多様な人と折り合いをつけることによって自らの課題を解決することは得だ」ということです。道徳の「徳」ではなく，損得の「得」で語られなければならないのです。

１人１台の先にあるもの

　北陸新幹線が開業する前は，関西方面に出張するときは朝早くのローカル線の普通列車に乗る機会が多かったです。各駅で止まるごとに高校生のグル

ープが乗り込んできます。わいわいと楽しく談笑しています。その子たちが
ボックス席に座ると，みんながスマートフォンを出します。そして，無言に
なります。列車を降りるまでその状態が続くのです。それが列車中のボック
ス席で起こるのです。とても異常に見えます。スマートフォンが子どもたち
同士を分断しているのです。

　『学び合い』ではつながることが得であることを教師が語ります。そして
集団をリードする子どもが理解するので，ツールを使いこなし，その情報を
周りの人と共有することをします。周りの人も自分自身がツールを使うより
効率が良いので，共有することを求めます。それ故に，ツールを使わないと
いう選択肢をもてます。

　先に述べたように現在の教育は旧社会のコードに支配されています。旧社
会では規格化され，分業化され，同時化され，中央集権でコントロールされ
ます。従って，1人に1台配布された端末は，規格化されたソフトの利用を
強いられます。「使う／使わない」の判断は子どもたちから奪われ，教師の
コントロールのもとにあります。そして，私がローカルの列車で見た異常な
光景が教室に出現するのです。

　その結果，子どもたちは多様で多数の知人を得る機会を奪われます。さら
に，一人ひとりが独立してしまえば，端末の使用技術が授業の成果に直結し
てしまいます。つまり，使用技術の高い子どもは効率よく学習を進めること
ができる一方，使用技術の低い子どもは学習を進めることができません。中
には学習を放棄してしまいます。

　おそらく行政はそれを乗り越えるために，さらなる研修を生み出し，教師
はさらに疲弊するのです。

　それに対する教師の対抗策は，端末を使わないという方法を取るでしょう。
もちろん，全く使わないことはないでしょう。申し訳程度に。現在の学校で
のアクティブ・ラーニングの導入と同程度に使用すると思います。

個別最適化した学習とは

　本書をお読みの方は，必ず真の個別最適化した学習の経験があります。それは受験勉強です。自分に合ったツール（参考書・問題集・ネット動画等）を，自分に合ったペースで学んだはずです。なぜかと言えば，それが一番効率がよいからです。

　現在の学校は旧社会のコードに支配されています。なぜなら，安価で大量の人材を養成するためには，その方が効率がよいからです。しかし，受験勉強は自分自身を目的としています。だから，個別最適化した学習を自分自身が選択できたのです。

　ならば平常の授業も受験勉強のように個別最適化するべきだと，私は思っています。これに関しては圧倒的に，一部の広域通信制高等学校が現在の学校に対して優位に立っています。しかし，全員の個別最適化を実現するには，協働し支え合うことが得であることを理解させねばなりません。それが実現しなければ，先に述べた「ローカル」を武器にすることはできません。

　さて，現在の学校と広域通信制・フリースクールのどちらがそれに舵を切れるでしょうか？　現状でどの学校を選択するかの大事な視点です。

---

*31　以降の数頁は『資質・能力を最大限に引き出す！『学び合い』の手引き　ルーツ＆考え方編』（明治図書）の抜粋です。詳しくはご参照下さい。

*32　現在においても学校以外の教育の場（例えば職場）ではホモサピエンスの学びは続いています。そして，学校においては部活指導も同様です。

*33　平成21年１月30日付けの文部科学省「学校における携帯電話の取扱い等について（通知）」では学校へのスマートフォン持ち込みを原則禁止としていました。しかし，平成31年２月19日にそれを柴山文部科学大臣（当時）が見直す方針を明らかにしています。

*34　神奈川県立高等学校でのスマートフォンの活用の方針に期待しています。

*35　伊藤大輔，飯野弘人，川口博貴，西川純（2016）：「アクティブ・ラーニングにおけるICT活用についての研究　生徒の自由なタブレット端末の使用に着目して」臨床教科教育学会誌，臨床教科教育学会，16(2)，pp.11-18

夢 ―教育が育み培う幸せな社会―

　私には夢があります。以下はある学校の体育館の様子です。

　この学校の体育館には毎週土曜日の夜になると卒業生が集まってきます。年齢はバラバラです。夫婦で，それも子連れで集まります。各人，昨日の夕食の残りをタッパーに入れてきています。好きな飲み物を持参しています。子どもたちが体育館で遊び回っている中で酒盛りをしているのです。

　夫婦の多くはこの学校で知り合い，結婚した同窓生です。だから，そこには知り合いがたくさんいます。そして，ここでの飲み会を通して，先輩の先輩，先輩の先輩の先輩……ということで色々な同窓生と知り合うことができます。

　そんなとき，こんな会話がありました。

山本：おい，内田はいないな，どうした？　あいつがいないと盛り上がりがいまひとつだな。

坂野：山本，お前知らないのか？　内田の会社潰れたんだよ。

山本：それで落ち込んで来ないのか？　あはははは。あいつらしいな。
　　　木村さん，今の聞いていました？　たしか先輩のところで人が必要だって言っていましたよね。電話して下さい。

木村：おう。（電話をかける）

木村：おい，内田か？　今，やっているから来いよ。

内田：いや，今日はいいです。みんなに顔向けできない……。

木村：お前は昔っからそんなところがあるな。おい，サッチャンに代われ。
　　　（サッチャンとは内田の奥さんでこの学校の卒業生。従って，木村も知っている）

（サッチャンに代わる）

サッチャン？　大変だな。とにかく内田をひっぱってきて。俺の会社で人が必要なんだ。よかったらうちに勤めないか？　それに，他にも人が必要なところだったらいくらでもあるよ。今日は何も持ってこなくていいよ。子どもも一緒に連れてきて。大丈夫。俺たちでなんとでもなるから。

　また，別のところではこんな会話がありました。

大山：来週の水曜日は俺も，かみさんも，両方のジジババもみんな仕事で遅くなってしまうんだ。6人とも仕事が遅くなって保育園の時間に間に合わなそうなんだよ。無理すれば休めるけど，今，ちょうど大事なところだから言いづらくってね。

川口：大山さんのヒロ君，ミーちゃんはうちのタカヒロと同じ保育園だよね。だったらうちで預かるから。夕食も一緒に食べるよ。ヒロ君，ミーちゃんの食事に関して，何か注意することある？

大山：ありがとう。助かるよ。食事の注意は特にないよ。ただ，ヒロはトマトが苦手だから，それは避けて。

川口：了解！

　また，別のところではこんな会話がありました。

佐藤：庭野先生，卒業してからだいぶたつけど，この学校，俺らがいた頃に比べてだいぶボロになっているね。

庭野：あはははは。予算がなくってね。
　　　実は困っていることがあるんだ。

太田：先生，何ですか？

庭野：校内の無線LANがだいぶ壊れて，インターネットがつながりにくく

なっているところがある。知っての通り，この学校では子どもたちが自由にネット授業を視聴し，勉強している。それができない教室があるんだよ。つながる部屋もだいぶ不安定なんだ。

貴島：だったら，直せばいいじゃないですか？

庭野：業者に調べてもらったら，かなり本格的な工事が必要なんだよ。部品の交換レベルでは間に合わない。ところが工事代金の予算がつかなくってね。

太田：な〜んだ。先生，俺の仕事知ってる？

庭野：あ！　たしか電気工事関係だよね。

太田：正解！　それに貴島の親父さんも同じ会社で働いている。俺から貴島の親父さんに頼むよ。きっと，それ以外にも手伝ってくれそうな人はいると思う。詳しくは月曜日に相談しましょう。素面なときにね。

庭野：ありがとう！

太田：俺たちの担任だった庭野先生が校長先生になるんだもん。俺たちも歳を取るはずだよ。

（一同笑い）

　これが私の考える Society 5.0 です。これからの社会では，企業は一生涯を保障してくれません。人的ネットワークでつながった地元の中小企業群が一生涯を保障してくれる社会です。地域の仲間同士で支え合うのです。ビックリするような科学技術も莫大な予算も不要です。でも，とても素敵だと思いませんか？

読 書 ガ イ ド

『通信制高校のすべて　増補版』（手島純編著，彩流社）

　通信制高等学校の基礎知識や通信制高等学校の歴史，公立・私立の違い，サポート校とは何なのかといった通信制高等学校の入門書的な一冊。仕組みや通信制高等学校の詳細を知るのに最適な一冊。

『あなたのお子さんには通信制高校が合っている!!』（山口教雄著，学びリンク）

　実際に通信制高等学校に通おうと思っている子どもの不安や保護者の疑問に具体例を用いながら解説してくれています。通信制高等学校に関わる様々なデータも掲載されていて，通信制高等学校への進学を考えている人にお薦めの一冊。

『通信制高校があるじゃん！』（学びリンク編集部編，学びリンク）

　全国にある通信制高等学校の情報を網羅的に掲載している一冊。実際にどんな学校があるのか知りたいという人には必携の一冊。

『ネットの高校，はじめました。』（崎谷実穂著，角川書店）

　N高等学校ができるまでと，できた当初の姿が詳細な取材に基づいて書かれています。N高等学校を知りたい人にお薦めです。

『発達障害の子どもたちの進路と多様な可能性』（日野公三著，WAVE出版）

　発達障がいやギフテッドの子どもを受け入れるための通信制高等学校である明蓬館高等学校の校長が書かれた本で，なぜ発達障がいに特化した学校をつくったのか，どんな思いがあるのかが分かる本です。

『世界で学べ 2030に生き残るために』（大谷真樹著，サンクチュアリ出版）

　海外のトップ大学への進学に特化したインフィニティ国際学院の学院長によって書かれた本で，なぜ海外の大学をターゲットにするべきなのか，今の日本の教育の現状の課題にもふれられている一冊です。

あ と が き

　現役の公立全日制高等学校教師である私が，なぜ広域通信制高等学校に興味をもち，本を書く手伝いをするようになったのか。それは私自身の経験と大きく関係があります。私は，小学校時代から学校が好きで学校教育にフィットしていた人間でした。現在，教師をされている方の多くが学校教育にフィットされた方だと思います。授業を真面目に受け，先生の言うことを聞き，学校行事に積極的に参加してきた人が多いと思います。そして，その体験を多くの子どもにさせてあげたいと思っている人が多いと思います。

　みんなで何かをすることが素晴らしい，学校は楽しいところ，学校には来るべきだ，授業中は先生の話を聞くべきだと思っている先生が多いと思います。そのことが悪いというわけではありません。しかし，本当にそれは全ての子どものためになっているのでしょうか？

　教師を始めてからずっと，教師が授業を作る，面白い授業をすればきっと全員が興味をもってくれる。卒業までの３年間，教師が子どもたちを導いていくという思いを強くもっていました。しかしあるとき，卒業した生徒が学校に来て話をしているときに，自分の間違いに気づきました。その子は笑顔で卒業後の話をしてくれました。偏差値の高い大学に行き，当初は授業にきちんと出席していたが，結局自分が何をしたいのか，何をしてよいのか分からずに，大学を中退し，そこからアルバイトをして専門学校に通い就職したと笑顔で話してくれました。また高校時代は非常に楽しく，様々な企画をしてくれた私に感謝していると言われました。卒業生の笑顔を見ながら私は申し訳ない気持ちでいっぱいでした。偏差値の高い大学に進学させることが目的になっていた自分の教育に疑問をもちました。それから私は，毎日のように考えました。私がやってきた教育はよかったのか。子どもが自ら学び，自ら選択していく力を身につけることができていたのか。

　子どもが全員同じものに興味をもち，同じように意欲をもつということは

126

不可能だということに気づきました。では，私にできることは何なのか。教師の多くは真面目で努力家です。子どものためにできることを考えて日々の業務と向き合っています。私はそんな学校で働くことに誇りをもっています。

　広域通信制と全日制という二項対立で教育の未来を考えることは無意味です。子どもの未来のためにどんな教育が必要なのか答えを出すためには，これからの社会の常識に縛られることのない教育のアップデートが必要です。教育を変えることができるのは子どもと，子どもと毎日向き合い続けている教師だと思います。子どもが輝ける未来の教育のために，この本が少しでも力になればと思います。

2020年6月

網代　涼佑

【著者紹介】

西川　純（にしかわ　じゅん）

1959年東京生まれ。筑波大学生物学類卒業，筑波大学大学院教育研究科修了（教育学修士）。博士（学校教育学）。前臨床教科教育学会会長。上越教育大学教職大学院教授。『学び合い』（二重括弧の学び合い）を提唱。

網代　涼佑（あじろ　りょうすけ）

1983年和歌山生まれ。高等学校国語科教員。
大阪教育大学教育学部卒業後，和歌山県の公立高等学校に勤務。2019年より現職派遣として上越教育大学教職大学院西川研究室に所属。「徹底的に子どもから学び，一人も見捨てない教育・社会を実現する」ために学んでいる。

Society 5.0に向けた進路指導
個別最適化時代をどう生きるか

2020年7月初版第1刷刊　©著　者　西　川　　　純
2020年9月初版第2刷刊　　　　　　網　代　涼　佑
　　　　　　　　　　　発行者　藤　原　光　政
　　　　　　　　　　　発行所　明治図書出版株式会社
　　　　　　　　　　　　　　　http://www.meijitosho.co.jp
　　　　　　　　　　　（企画）及川　誠（校正）西浦実夏
　　　　　　　　　　　〒114-0023　東京都北区滝野川7-46-1
　　　　　　　　　　　振替00160-5-151318　電話03(5907)6703
　　　　　　　　　　　ご注文窓口　電話03(5907)6668

＊検印省略　　　　　　組版所　株　式　会　社　カ　シ　ヨ

Printed in Japan　　　　　ISBN978-4-18-285716-4
もれなくクーポンがもらえる！読者アンケートはこちらから